Notes Historiques

SUR LE

SÉMINAIRE SAINT-IRÉNÉE

2ᵐᵉ FASCICULE

2ᵐᵉ Supérieur : M. MAILLARD (1672-1696)

3ᵐᵉ Supérieur : M. RIGOLEY (1696-1721)

4ᵐᵉ Supérieur : M. DE VAUGIMOIS (1721-1758)

LYON

IMPRIMERIE A. WALTENER ET Cⁱᵉ

14, Rue Belle-Cordière, 14

—

1882

2me SUPÉRIEUR : M. MAILLARD

(1672-1696)

Notes historiques

SÉMINAIRE SAINT-IRÉNÉE

2me Supérieur : M. MAILLARD
(1672-1696)

CHAPITRE PREMIER

CONSTRUCTION DU SÉMINAIRE. — DÉCLARATION DE MGR DE
NEUVILLE EN FAVEUR DES PRÊTRES DE SAINT-SULPICE. — LEUR
GÉNÉROSITÉ.

LE choix du successeur de M. d'Hurtevent ne pouvait offrir de difficulté. M. de Bretonvilliers désigna immédiatement M. Maillard, qui avait montré à Nantes de grandes qualités pour l'administration d'un Séminaire et que nous avons vu, depuis onze ans, intimement associé à toutes les pensées et à toutes les entreprises du fondateur de Saint-Irénée. Toutefois, même pour M. Maillard, si avantageusement connu à Lyon, ce n'était pas une petite charge que la conduite de cette maison. Nous le trouverons aux prises avec deux sortes de difficultés.

Les embarras matériels d'abord. Après l'achèvement de la chapelle, par laquelle M. d'Hurtevent avait voulu commencer les travaux, on dut songer à la construction du Séminaire. La maison Deschamps, toute grande qu'elle semblait pour une habitation particulière, était évidemment insuffisante. Le rez-de-chaussée avait fourni deux petites salles communes ; au premier et au second étage, en pratiquant des corridors étroits et obscurs, on avait pu faire vingt cellules, séparées par des cloisons en planches. Bref, avec ses dépendances, cette propriété, comme auparavant celle de la montée Saint-Barthélemy, ne recevait qu'une trentaine de Séminaristes. Il fallait donc bâtir. Mais c'eût été une faute de vouloir, comme il arrive trop souvent en pareil cas, tenir compte de l'ancienne maison. Sous prétexte de ne rien perdre, on parvient ainsi à tout gâter. M. Maillard le comprit et il eut même la sagesse de reconnaître que le plan de la nouvelle construction devait être dressé par des architectes compétents. Ces idées étaient trop larges pour ne pas rencontrer quelques contradicteurs. En attendant, le bon Supérieur fit aplanir le terrain sur lequel on se proposait de bâtir ; et, comme le sol était très inégal, ce travail dura vingt mois environ et coûta plus de 2,000 livres. Aussitôt après, les Directeurs adressèrent aux Prévôt des marchands et Echevins de Lyon une requête à l'effet d'obtenir que la Ville relevât, à ses frais, une partie de la clôture du Séminaire. Cette demande fut agréée par le Consulat, qui, dans ses délibérations des 27 décembre 1674 et 8 août 1675, fixa les alignements à suivre et accorda une indemnité de 7,000 livres, « pour refaire un mur destiné à soutenir la balme ou chemin qui conduit de la côte Saint-Sébastien au boulevard Saint-Clair, vulgairement appelé chemin des Fantasques, qui sépare le Séminaire du troisième monastère de Sainte-Elisabeth. »

Tous les préparatifs étant donc terminés, rien ne s'opposait plus à la réalisation des promesses de M. Bretonvilliers, et les travaux allaient enfin commencer, lorsque la mort enleva au Séminaire Saint-Irénée ce bienfaiteur généreux. M. Tronson, qui fut nommé Supérieur général par l'assemblée de 1676, témoigna aussitôt qu'il avait à cœur de réaliser le pieux dessein de son prédécesseur. On sait d'ailleurs que par sa mère Claude Sève, il était petit-fils d'un échevin de Lyon, et que son père, nommé secrétaire du cabinet du roi Louis XIII, s'employa volontiers à rendre quelques services au Consulat Lyonnais (1).

(1) *Notes et Documents pour servir à l'histoire de Lyon, sous le règne de Louis XIII (1610-1643)*, par Ant. Péricaud aîné. pp. 131-132, année 1624, A. M. correspondance, tome 28.

A peine revenu de l'Assemblée, M. Maillard reçut de son nouveau Supérieur une lettre qui lui renouvelait les assurances déjà données de vive voix. Seulement, M. Tronson exprimait l'intention d'envoyer à Lyon M. Gitard, un des meilleurs architectes de Paris, tout dévoué à Saint-Sulpice, pour étudier sur les lieux la valeur du plan tracé et pour résoudre les dernières difficultés. L'architecte partit donc, en compagnie de Mre Mathurin Beaudeau, prieur de Sainte-Apolline, économe du Séminaire de Saint-Sulpice. Ils arrivèrent à Lyon, le 12 novembre 1676, et plantèrent les premiers jalons, le 21 du même mois, fête de la Présentation de la T. S. Vierge. Quelques semaines après, son plan, une fois approuvé par l'Archevêque, M. Gitard reprit le chemin de la capitale. Mais M. Beaudeau, qui était très entendu en constructions, resta encore près de deux années pour diriger et surveiller et surtout pour activer les travaux.

Les fondations furent rapidement creusées et Mgr de Neuville put, le 23 janvier 1677, poser la première pierre du bâtiment, à l'angle du réfectoire et du vestibule. Elle portait gravée, sur une lame de cuivre, une inscription, en bon style lapidaire, que nous sommes heureux de reproduire.

Inscriptio
primi lapidis Seminarii Lugdunensis
sub titulo Sancti Irenæi.

Illustrissimus ac Reverendissimus
DD. Camillus de Neufville.
Archiepiscopus et Prorex Lugdunensis, Regiorum ordinum
commendator,
Quem pastoralis sollicitudo Lugdunensium,
Ortus Romanorum, castitas Angelorum,
Clementia facit esse omnium;
Quem fides propugnatorem,
Disciplina ecclesiastica zelatorem;
Seminarium Irenæum agnoscit parentem;
Quem proregem laudat invidia,
Archipræsulem veneratur Ecclesia,
Et regiorum ordinum commendatorem tota demiratur Gallia;
Lapidem hunc erexit in titulum et fundamentum,
Anno Domini millesimo sexcentesimo septuagesimo
septimo,
die vigesimâ tertiâ Januarii.

Peut-être cette cérémonie, assez éclatante, réveilla-t-elle des ressentiments, qui semblaient assoupis. Toujours est-il que, peu après, Mgr de Neuville étant allé à Paris, son absence fut mise à profit pour répandre les bruits les plus étranges, les rumeurs les plus malveillantes, au sujet de la nouvelle construction. Les dimensions du bâtiment, ses formes insolites, les précautions prises pour la solidité, le choix des matériaux, tout était exagéré, critiqué, condamné sans examen. Comme pour donner un appui aux mécontents, le grand vicaire, M. Morange, toujours prévenu contre les prêtres de Saint-Sulpice, « envoya alors quelques Séminaristes chez les Pères de l'Oratoire, même durant les exercices préparatoires à l'ordination ; et, le 13 mars il fit lui-même une retraite célèbre, à laquelle assistèrent trente autres ecclésiastiques des plus considérables.» Aux yeux de l'annaliste Oratorien, qui a relevé ces petits détails (1), une telle opposition devait inquiéter les Directeurs du Séminaire Saint-Irénée. De fait, pressé sans doute par M. Beaudeau, qui avait un souci particulier des intérêts de Saint-Sulpice, le bon M. Maillard entreprit aussitôt le voyage de Paris. Sa santé, il est vrai, exigeait des soins, et il se proposait de consulter M. Delorme, un des meilleurs médecins de la capitale; mais nous croyons volontiers que son principal désir était d'aplanir les difficultés et d'obtenir les ressources nécessaires. Si jusqu'alors M. Tronson avait donné 10,000 livres sans prendre aucune garantie, il sentait la nécessité d'être plus prudent à l'avenir. Bâtir sur un terrain solide, ne point construire sur le fonds d'autrui, sont, disait-il, en pareille matière, des principes élémentaires, surtout pour une Communauté. En conséquence, il désirait que l'Archevêque donnât une reconnaissance des sommes fournies par Saint-Sulpice, afin de permettre aux prêtres de cette Compagnie d'en réclamer la restitution, si, dans la suite, on voulait leur enlever la conduite du Séminaire Saint-Irénée.

Pour être juste, cette demande n'en était pas moins délicate. Mais, avec sa grande droiture d'esprit et de caractère, Mgr de Neuville comprit et accorda ce qu'on souhaitait. Et même, non content de déclarer que, sur les 58,259 livres dépensées d'abord pour prix et premières réparations de l'immeuble Deschamps, 22,259 avaient été données par les prêtres de Saint-Sulpice et

(1) Aux Archives départ. du Rhône, v. 1er registre des Oratoriens, année 1677.

seraient nécessairement remboursées, le cas échéant, ce noble prélat ajoutait que les 36,000 autres, ayant été fournies par lui en considération de leurs services, devraient être semblablement regardées comme la propriété du Séminaire de Paris. En un mot, il faisait don de cette somme aux prêtres de Saint-Sulpice et voulait qu'elle fût rendue et restituée, le jour où pour des causes imprévues, quelqu'un de ses successeurs leur enlevait la conduite du Séminaire Saint-Irénée. Cet acte, en forme de donation, fut signé le 18 avril 1677 et déposé entre les mains de MM. Nèra et Levasseur, notaires au Châtelet de Paris (1).

Or, quatre jours après (22 avril), M. Tronson, rivalisant de générosité avec l'Archevêque, donna au Séminaire Saint-Irénée, sous l'apparence d'une fondation de messes, une somme de 24,000^l. également réversible à Saint-Sulpice, en cas de désunion. En recevant cette somme, destinée aux bâtiments, M. Maillard et ses confrères de Lyon contractèrent l'engagement de dire deux messes chaque jour à perpétuité pour la Compagnie de Saint-Sulpice, afin d'attirer les bénédictions du Ciel sur les emplois dont elle chargée (2). Mais, comme les honoraires des messes fondées ne furent jamais prélevés sur les ressources de la maison, il faut regarder ce contrat comme une donation pure et simple. Là ne s'arrêtèrent point les générosités des prêtres de Saint-Sulpice ; la suite nous en découvrira de nouvelles.

De retour à Lyon, M. Maillard s'empressa de signer devant notaire, (22 mai 1677), les conventions qu'il avait faites antérieurement avec M. Claude Chana, maître-architecte. On stipula par exemple, que les fondations seraient de bon béton, les murailles, jusqu'au faîte, maçonnées de bonne pierre de Couzon, avec mortier de chaux de ville et sable du Rhône, que les deux premières assises seraient de moellon piqué, toutes les ouvertures du rez-de-chaussée en pierre de taille grise de Saint-Cyr, Saint-Fortunat et Saint-Germain, et celles des trois étages supérieurs en pierre jaune.

---

(1) Donation acceptée par M. Tronson, en tant que de besoin, le 24 mai suivant, dont acte insinué au Châtelet de Paris, le 28 id. — Ensuite, décla ration de l'archevêque pour la valeur d'une copie (26 juin) enregistrée au greffe de Lyon le 28 id.

(2) Contrat reçu au Châtelet de Paris, le 22 avril, ratifié par les Directeurs de Saint-Irénée, les 12 et 21 mai, homologué et approuvé par Mgr de Neuville, le 28 mai, enfin insinué le 1er juin 1677.

Les travaux furent poussés avec vigueur durant les trois premières années. Pour suivre tous les progrès de la construction, il suffirait de parcourir les toisages faits par les ouvriers à la fin de chaque saison. Parvenu à la hauteur du premier étage, au mois de novembre 1677, M. Chana avait terminé la toiture en juin 1679.

Mais, quoique les fondements eussent été jetés sur toute la longueur indiquée au plan, M. Maillard n'avait voulu entreprendre que la moitié de l'édifice. Encore se trouva-t-on à bout de ressources, dès 1660, et même hors d'état de solder tout ce qui était commandé. Dans cette extrémité, les Directeurs se décidèrent à présenter une requête à l'assemblée du clergé de Lyon, pour lui exposer le besoin qu'ils avaient d'être secourus. Ils obtinrent une subvention de 8,000^l. Quoique insuffisante, elle fut, dans la circonstance, une faveur bien appréciée (1).

En effet, comme en témoigne le registre des constructions, les dépenses s'élevèrent à la somme considérable de 74,242^l. A cette date, le Séminaire de Paris avait envoyé 36,000^l. qui, jointes au don du clergé de Lyon, laissaient encore une différence de 30,000^l. Ce déficit fut couvert, en partie par les petites épargnes que les Directeurs avaient pu faire sur les 500 écus qu'ils recevaient chaque année de l'Archevêché, mais principalement par les offrandes généreuses de plusieurs prêtres de Saint-Sulpice, que M. Tronson encourageait à cette bonne œuvre pour mettre au-dessus de tout soupçon le désintéressement de la Compagnie (2). Sans parler de M. de la Barmondière, qui fit un don magnifique, il suffit de mentionner la conduite de M. Maillard et de ses plus jeunes collaborateurs dont il avait lui-même dirigé l'éducation cléricale. Tandis que le bon Supérieur donnait 1600 l. pour une fondation de messes, M. François Rigoley docteur de Sorbonne, que nous verrons bientôt succéder à M. Maillard, puisait largement dans sa grande fortune (3).

(1) Déjà, le 23 janvier 1675, les Directeurs du Séminaire avaient fait présenter à l'assemblée du clergé de Lyon, par M. d'Albon, archidiacre, une requête à l'effet d'être déchargés des décimes imposées sur le prieuré de Firmini. Avec les extraordinaires, cotes, subventions, dons et autres, elles s'élevaient à 494 livres et dévoraient ainsi un tiers du revenu. Cette demande fut sur-le-champ octroyée et entérinée.

(2) On trouve ces détails dans la requête présentée par M. Maillard à l'assemblée de 1680.

(3) Il recueillit, en 1677, l'héritage de son père, M. Denis Rigoley, secrétaire des Etats de Bourgogne, mort à Dijon, paroisse Saint-Pierre.

Tous ces secours donnés successivement, en quelques années, par la Compagnie de Saint-Sulpice au Séminaire de Lyon, s'élevèrent à la somme de 80,000 livres, c'est-à-dire environ 250,000 fr. de la valeur actuelle.

Il faut rapporter à la même époque un acte de désintéressement de M. Guyton, directeur au Séminaire Saint-Irénée, qui renonça à la succession considérable d'un riche bourgeois de Lyon, la remit tout entière au frère du défunt, et mérita d'être inscrit au *Catalogue des Lyonnais dignes de mémoire* (1).

(1) M. Guyton devint plus tard supérieur du Séminaire de Notre-Dame du-Puy ; il a une notice dans la *Vie de M. de Lantages*, pp. 400-421.

CHAPITRE II

'activité que M. Maillard déployait dans la construction du bâtiment n'avait d'autre principe que son ardente sollicitude pour la formation des jeunes ordinands confiés à ses soins. Il avait pu dire en toute vérité, dans sa dernière requête au clergé, « que ses confrères et lui continuaient les travaux qui avaient, en douze ans, épuisé les forces de M. d'Hurtevent, qu'ils y consumaient aussi leur santé et leurs biens, et que Dieu avait daigné jusque là donner à leurs efforts sa sainte bénédiction. »

Cependant le bon supérieur voyait avec une peine sensible que, contrairement à l'attente des généreux donateurs, les bâtiments nouveaux ne recevaient pas un plus grand [nombre de séminaristes. Cela tenait à plusieurs causes. La principale, que nous avons déjà mentionnée, était l'influence de M. Morange qui, peu favorable au Séminaire Saint-Irénée, n'encourageait personne à y entrer. Soumise à l'autorité immédiate de l'Archevêque, cette [maison, selon les usages de Saint-Sulpice, n'était pas sous l'action du grand vicaire. Ainsi le voulait expressément le contrat de fondation, et cette clause importante se justifie sans peine. De leur côté, les autres communautés prenaient une attitude et suivaient une direction qui pouvaient être un obstacle à la bonne formation du clergé et même un péril pour l'orthodoxie de l'Église de Lyon. Chez les Joséphites, malgré leurs constitutions, on voyait entrer beaucoup de pensionnaires ecclésiastiques qui ne se destinaient pas à l'œuvre des missions diocésaines.

Aux Oratoriens, M. Morange permettait de fonder une école de philosophie, où les erreurs sur la grâce devaient se glisser aussi bien que dans les cours de théologie. Enfin, sans que personne parût soupçonner les inconvénients de cette nouveauté, M. Démia transformait son école normale d'instituteurs primaires en un séminaire, où les ordinands pauvres étaient reçus gratuitement, pour peu qu'ils promissent de travailler à l'instruction des enfants. Sans doute le fondateur de Saint-Charles ne désirait rien tant que l'union de son œuvre au Séminaire Saint-Irénée; mais il se faisait illusion sur la possibilité de cette combinaison et il ne laissait pas d'introduire un nouvel élément de division. Enfin, comme pour rendre la scission plus profonde encore, il manifestait la volonté de « préférer toujours les meilleurs sujets des provinces de Bresse et de Bugey à ceux des autres lieux du diocèse. »

Rien de plus contraire, assurément, au projet que Mgr de Neuville avait conçu dans les premières années de son épiscopat. Pour donner à son clergé cette unité nécessaire à tout bon gouvernement, et que le saint concile de Trente avait voulu assurer à chaque diocèse par l'institution des séminaires, le prélat avait compris que le seul moyen efficace était de soumettre tous les ordinands à la même formation sacerdotale. Or, la division allait atteindre jusqu'au berceau de la vie ecclésiastique. Désormais on devrait compter, dans le même diocèse, plusieurs clergés : l'un riche, l'autre pauvre ; celui-ci venant de la rive gauche de la Saône et se partageant entre le Séminaire Saint-Charles et les Joséphites ; celui-là, de la rive droite, allant au séminaire Saint-Irénée, ou chez les Pères de l'Oratoire, sans parler des divergences, bien autrement graves, qui devaient être la conséquence inévitable des doctrines contradictoires enseignées dans les divers établissements.

Ces considérations ne pouvaient échapper à M. Maillard, mais il ne croyait pas qu'il lui appartînt de les présenter à son archevêque et il se contentait de lui proposer quelques mesures également pratiques et urgentes. A cette époque, bien des ecclésiastiques n'avaient encore d'autre préparation aux saints ordres qu'une retraite de huit ou dix jours. Le digne supérieur eût voulu que, suivant la règle déjà promulguée dans plusieurs diocèses, Monseigneur de Neuville rendit obligatoire un séjour de quelques mois dans son Séminaire, avant la réception de chacun des ordres sacrés. Mais le prélat, cédant à d'autres conseils,

refusa d'entrer dans cette voie. Les années n'avaient pourtant pas affaibli son courage et jamais son autorité n'avait été plus forte et plus respectée. Mais il crut qu'il fallait user de modération et qu'il était sage d'attendre des temps meilleurs pour perfectionner son œuvre. C'est pour répondre à ces préoccupations de M. Maillard que M. Tronson lui écrivait, le 27 janvier 1681 : « Il faut attendre en patience ce qu'il plaira à Monseigneur l'Archevêque de régler pour les ordinands. Quant à vos séminaristes, il faut tâcher, par une ferveur plus grande et par une régularité plus exacte, d'attirer la bénédiction de N.-S., qui se plaît mille fois plus dans un petit nombre de serviteurs fervents que dans une multitude de lâches et d'infidèles. » Il lui disait encore dans une autre lettre « Quoique vous ayez peu d'ecclésiastiques dans le Séminaire, vous ne devez pas vous décourager. Moins il y en aura et plus aisément y établirez-vous la régularité. Il y a des lieux où l'on se relâche, quand on a peu de monde, afin d'en attirer davantage, mais la grâce de Saint-Sulpice est de ne les attirer que par l'exactitude. Ainsi je ne puis vous donner de meilleur conseil que d'être aussi exact que jamais, de ne point craindre de renvoyer ceux qui vous en donnent sujet, quand il ne devrait vous en rester qu'une demi-douzaine, et d'être très persuadé que Dieu bénira cette conduite, parce qu'elle établira plus parfaitement le règne de son Fils dans une maison qui doit être uniquement à lui. »

A la même époque, (juillet-octobre 1682), M. Maillard demandait au Supérieur de Saint-Sulpice la permission de recevoir des philosophes et d'organiser un cours complet de théologie. Sur le premier point, M. Tronson répondait que ce projet avait été examiné du temps de M. Olier, et qu'on y avait vu des inconvénients, dont quelques-uns subsistaient encore; que, par conséquent, le moment n'était pas venu. Quant au second, le refus était moins formel, d'autant que deux des Directeurs de Saint-Irénée étaient tout prêts à donner, chaque jour, matin et soir, des leçons d'une heure et demie pour faire parcourir en trois ans à leurs Séminaristes tout le cercle des études théologiques. Il y avait là certainement un problème important à résoudre. Après avoir suivi un cours de dogme au collège des PP. Jésuites, faudrait-il encore consacrer à la formation sacerdotale deux autres années, partagées entre les exercices spirituels, des répétitions de cérémonies et quelques leçons complémentaires de théologie, avec trois conférences de cas de conscience par semaine? N'était-il pas plus simple et plus utile d'apprendre en même temps, et à la même école, la science et la piété? Il suffisait, et c'était chose facile à Saint-Irénée, que les prêtres de Saint-Sulpice voulussent joindre à leurs fonctions de Directeurs la charge du professorat. Telle était bien la pensée intime de M. Tronson. Il la réalisait partout où il était libre. Mais à Lyon, en présence d'intérêts divers, il ne voulut pas prendre l'initiative et, sur ce point encore, il conseilla d'attendre les décisions de l'autorité diocésaine.

En écartant ces projets, M. Tronson insista de nouveau, de tout le poids de son autorité, sur l'organisation disciplinaire, sur la mise en action d'un règlement au Séminaire Saint-Irénée. Sa correspondance avec ses confrères de Lyon nous le montre, durant dix années entières, recommandant les moyens les plus propres à maintenir l'esprit de Saint-Sulpice parmi les Directeurs et une grande régularité dans toute la maison.

Pour exhorter M. Maillard à réunir chaque mois tous ses confrères, il lui écrivait: « Vous donneriez par là un grand exemple à ceux qui viendront après vous. Ils auront peine à s'assujettir à cette règle, s'ils voient que ceux qui les ont précédés, *et primitias spiritûs habentes*, ne l'ont pas voulu suivre. Il est bien vrai que ces précautions ne sont point si nécessaires dans les commencements et lorsque des communautés ne font que de naître; car, comme les fondateurs y sont présents, que les sujets formés de leurs mains sont plus remplis de leur esprit, que la grâce y est ordinairement plus abondante et la ferveur plus grande, il n'y a pas tant à craindre que l'on se relâche, ni que l'on prenne un autre esprit. Mais il n'y a rien qui soit plus à redouter que cela dans la suite; et je puis dire que c'est un malheur tout à fait inévitable, lorsque, ces premiers ouvriers venant à manquer, ceux qui leur succèdent ne trouvent point les règlements établis et en vigueur. »

Un avantage précieux de ces assemblées est de maintenir la cordialité entre les directeurs. « C'est pourquoi, ajoutait M. Tronson, il faut les réunir souvent, leur proposer les affaires, prendre leur avis et leur témoigner par cette ouverture la confiance que l'on veut leur donner. Ici nous nous assemblons tous les quinze jours, ou au plus tard tous les mois, et, par ce moyen, nous conservons l'union très grande que M. Olier maintenait par son autorité et par sa grâce. Ces moyens extérieurs sont de la dernière importance; par là, non seulement on tient les cœurs unis, mais tout le monde est satisfait des choses qui s'exécutent. »

Loin de négliger ces avis, M. Maillard alla même, une fois, sur le conseil de son Supérieur, jusqu'à user d'une sainte industrie pour assurer entre tous la plus parfaite cordialité. Dans une entrevue particulière avec chacun de ses confrères, il les pressa devant Dieu de lui révéler leurs sentiments les plus intimes sur la direction du Séminaire. Après quoi, il se hâta d'en rendre compte à M. Tronson, avec la simplicité d'un enfant.

Sur un autre point également important, la correspondance échangée entre le Séminaire de Paris et celui de Lyon nous montre, d'un côté la même vigilance, de l'autre la même docilité. Malgré leur dévouement à l'œuvre de la formation cléricale, plusieurs prélats avaient peine à comprendre la conduite des prêtres de Saint-Sulpice. On trouvait étrange que des séculiers voulussent s'enfermer au Séminaire plus sévèrement que les religieux dans leur monastère et que, pour mieux préparer les ecclésiastiques à toutes les fonctions du saint ministère, les Directeurs se crussent obligés de renoncer eux-mêmes à tout emploi extérieur. Cette règle nouvelle était aussi très rude à la nature.

L'activité naturelle aime toujours à se répandre au dehors et semble ne prendre conscience d'elle-même que dans les effets sensibles qu'elle produit. C'est dire combien d'efforts M. Tronson eut à déployer pour affermir l'œuvre de Saint-Sulpice, qui ne pouvait s'asseoir sur d'autres fondements. Toutes les fois qu'il en avait l'occasion il se faisait un devoir de rappeler à ses confrères que les emplois extérieurs peuvent absorber un temps considérable, dégoûter des humbles fonctions du Séminaire, mais surtout éloigner la bénédiction de Dieu. Il obtint, sans trop de peine, qu'un des Directeurs ne fût point chargé de l'approbation des livres, et qu'aucun autre n'acceptât la lieutenance de l'officialité, vacante par la mort de M. Noyel. La situation de M. Maillard était plus embarrassante. Le supérieur de Saint-Irénée eut beau faire valoir les meilleurs motifs et même, pour dernière excuse, alléguer l'état de sa santé, il n'en fut pas moins obligé par Mgr de Neuville d'accepter la direction des Hospitalières de Villefranche et du couvent de Sainte-Elisabeth, à Lyon. Dans cette dernière maison, les besoins spirituels étaient grands. Depuis près de quinze ans, l'esprit de discorde soufflait parmi ces religieuses : la communauté n'existait plus que de nom. Pour rétablir l'harmonie, M. Maillard compta sur les

secours que Dieu promet au serviteur obéissant ; mais la divine
Providence lui rendit un meilleur service, en lui montrant par
les faits, qu'on ne gagne rien à s'écarter des usages et des règles
du corps auquel on appartient. Car bientôt le parti des mécon-
tentes fit courir sur le vénérable supérieur de Saint-Irénée les
calomnies les plus odieuses.

On alla jusqu'à l'accuser de se conduire par intérêt et d'abuser
de ses fonctions pour exiger du monastère mille témoignages
de gratitude qui devenaient une charge pesante. Malgré leur
fausseté, ces bruits ne laissèrent pas de produire les plus fâcheuses
impressions. Dès qu'il en fut informé, M. Tronson se hâta d'en
donner connaissance à M. Maillard : « J'ai trouvé bon, lui
écrivait-il, que vous en fussiez averti et que vous vissiez ce qu'il
y a à gagner avec ces filles. » Confus de voir sa conduite aussi
mal interprétée, M. Maillard comprit enfin qu'il devait sans
retard quitter un poste si périlleux. Il profita, en effet, d'une
indisposition passagère dont il souffrait alors, pour prier l'administration diocésaine d'agréer sa démission. Il s'empressa d'en
donner avis à M. Tronson. « Votre lettre, lui répondit celui-ci,
me donne un double sujet de joie : le premier, de vous voir
débarrassé des religieuses, le second, d'apprendre par vous-même
que vous êtes délivré de votre fièvre. »

Un autre moyen, non moins efficace, dont se servait M. Tronson pour maintenir dans la Compagnie l'esprit du fondateur,
c'était sa correspondance assidue avec chacun de ses confrères.
Il ne craignait pas, il ne se lassait jamais d'entrer avec eux dans
le détail de toutes leurs affaires personnelles ou communes.
Grâce à ces relations intimes, bien que les membres ne fussent
liés par aucun vœu, ils demeuraient étroitement unis à leur chef.
Aussi un prêtre s'étant permis de dire que cette correspondance
était inutile, puisqu'on ne savait pas à Paris ce qui peut convenir
aux provinces, M. Tronson eut soin de protester énergiquement :
« Ce principe, répondit-il, va directement à renverser notre
œuvre, et tous les ennemis de Saint-Sulpice, ligués ensemble, ne
nous feraient pas autant de tort que la simple insinuation de cette
maxime. » Il disait encore dans une circonstance analogue :
« C'est une grande maxime, dans les communautés, de tenir
ferme aux usages de nos Pères et de ne rien innover sans une
grande nécessité. Comme chacun a ses vues et ses raisons, on
verrait bientôt tout renversé, si l'on se donnait la liberté de
s'écarter de cette règle. »

Avec une sollicitude qui ne savait rien négliger, l'auteur des Examens particuliers se préoccupait encore de la conduite des séminaristes de Saint-Irénée. Il avait appris que M. Maillard fermait les yeux sur des relâchements qui pouvaient devenir graves. Que ce fût un effet de son âge et de la grande bonté de son cœur, ou une suite des habitudes contractées dans un temps où cette parfaite régularité s'établissait, comme d'elle-même, par la grâce et par l'autorité du fondateur et de ses premiers disciples, il est certain que la discipline laissait à désirer.

Aussitôt que M. Tronson aperçut le mal, il s'efforça d'y apporter le remède nécessaire. Pour stimuler le zèle de M. Maillard, il lui communiquait sans réserve ce qu'il entendait dire contre son administration ; et, de son côté, le Supérieur de Saint-Irénée ne paraissait jamais blessé des avis qui lui étaient adressés. Digne successeur de M. d'Hurtevent, si parfois il croyait n'avoir donné aucune occasion aux observations de son vénéré Père, il se contentait d'exposer les choses, comme il les connaissait, ou même d'exécuter, sans mot dire, ce qui lui était recommandé. Tant d'humilité et d'obéissance touchait profondément le cœur de M. Tronson ; aussi écrivait-il à M. Maillard :

« Je connais trop et depuis longtemps vos dispositions pour perdre, ni même laisser affaiblir en moi les sentiments d'estime et d'amitié que Dieu m'a toujours donnés pour vous. Je sais d'ailleurs, par des expériences souvent réitérées, combien peu de créance on doit accorder à la plupart de ces rapports. Dieu est garant de la réputation de ses serviteurs fidèles qui ne travaillent que pour sa gloire. Si elle est nécessaire à son œuvre, il sait bien la leur rendre, quoi que le monde en dise. »

Toutefois M. Maillard eût voulu se décharger du lourd fardeau qui pesait sur ses épaules. Son âge avancé et sa santé de plus en plus chétive lui donnaient droit au repos. Déjà il s'était préoccupé de chercher parmi ses confrères celui qui semblerait le plus apte à remplir les fonctions de supérieur. Il avait même proposé le candidat de son choix à M. Tronson. Mais celui-ci, loin d'accepter cette démission, répondit à M. Maillard : « C'est à quoi ni vous ni moi ne devrons point penser : il faut continuer à porter le joug que nos Pères nous ont imposé, *sivè per ignominiam, sivè per bonam famam.* »

Fortifié par ce langage d'une si simple mais si remarquable énergie, M. Maillard se remit à l'œuvre avec une nouvelle ardeur. Dès lors il n'hésita plus à employer les moyens rigoureux, quand ils furent nécessaires. Ainsi, suivant le conseil de M. Tronson, il sut refuser aux séminaristes les sorties trop fréquentes, dans lesquelles se dissipe l'esprit de recueillement et de régularité. Enfin, toutes les fois qu'il fallut en venir au renvoi de quelque ordinand qui avait enfreint la règle en matière grave, il ne recula plus devant cette mesure, si pénible qu'elle fût à son cœur. Heureux d'apprendre ces détails, M. Tronson s'empressa de féliciter son vénérable ami : «Vous ne pouviez me mander de meilleure nouvelle que celle de l'expulsion d'un ordinand, que l'on a trouvé dans la chambre d'un autre, et celle du bon effet que cet exemple a produit pour l'observation du règlement. »

Aux voies de rigueur, M. Tronson préférait les moyens de douceur et de persuasion. Il recommandait surtout l'exercice de la direction, qui complète admirablement le double travail du confesseur et du supérieur. C'est elle qui découvre au guide spirituel non seulement les habitudes contractées, mais toutes les tendances et toutes les inclinations ; c'est par elle qu'il conduit l'âme pas à pas dans les sentiers de la perfection.

Que si tant d'efforts réunis n'obtenaient pas toujours le succès désiré, le digne supérieur de Saint-Sulpice ajoutait un mot d'espérance chrétienne : « La grande consolation que l'on doit attendre des ordinands est réservée pour l'autre monde ; car il y en a peu en celui-ci. Cependant, ce qui doit nous encourager, c'est que plusieurs profitent visiblement de la peine qu'on prend pour eux. Et puis, si le fruit de notre travail ne nous réjouit pas, nous avons un sujet de consolation plus particulière dans l'accomplissement de la très sainte volonté de N.-S., qui nous dit : *Curam illorum habe. Curam dixit, non curationem.* »

Mais, comme nous allons le voir, le divin Maître voulut récompenser, dès cette vie, ses fidèles serviteurs, en les rendant témoins du succès de leurs travaux.

CHAPITRE III

Mort de Mgr de Neuville. — Nouveaux règlements de Mgr de Saint-Georges pour les ordinands. — Union du prieuré de Chandieu.

ETTE heureuse réforme ne donna pas moins de joie au cœur du vénérable archevêque, durant les dernières années de sa vie. Aussi voulut-il, dans son testament, offrir au Séminaire Saint-Irénée un nouveau témoignage de sa confiance et de son dévouement inaltérables. (1) Car il fit, en faveur de cette maison, un legs de 3,000 l., en priant les directeurs « de dire tous les ans, le jour de son décès, une grand'messe pour le repos de son âme. » De plus, après avoir institué héritier universel son petit-neveu Nicolas de Neuville, marquis d'Halincourt, et lui avoir substitué au second degré les archevêques de Lyon, il stipula

(1) Ce testament, reçu le 31 décembre 1690, Mᵉ Perrichon notaire, a été publié *in extenso* par la *Revue du Lyonnais* (1ᵉʳ semestre 1854, pp. 501-516). Cependant le début nous semble trop beau pour n'être pas cité ici: « Au nom de Dieu. Dieu, me faisant la grâce de considérer la certitude de la mort et l'incertitude de son heure, me donne lieu, après luy avoir demandé pardon de mes péchés, de mettre par escript ma dernière volonté, affin que, lorsque je seray prest à mourir, je n'aye qu'à implorer sa miséricorde, sans estre obligé à penser aux choses de ce monde, qui ne sont que pure vanité. C'est une pensée que j'ay eue depuis longtemps; mais ce qui est arrivé depuis la mort de mon frère le Mareschal m'ayant obligé de mettre au feu tout ce que j'avais fait tant par testament que par codicille, et n'estant plus en estat par [la faiblesse de ma veue de pouvoir mettre moy-mesme par escript mes dernières intentions, je me trouve obligé de me servir de la main du sieur Perrichon, mon notaire, dans l'appréhension où je suis que l'âge de quatre-vingt-cinq ans, où je me trouve, ne me réduise en l'estat de n'avoir cy-après l'esprit assez libre pour me pouvoir bien expliquer, désirant conserver le peu qui m'en restera pour ne l'appliquer qu'à demander pardon à Dieu. C'est pourquoy je me suis résolu, après avoir prié Dieu de n'ordonner aucune chose contraire à sa volonté, de faire mon testament solennel, comme s'ensuit..... »

que, dans le cas où ses successeurs jouiraient du bénéfice de cette substitution, ils seraient tenus de payer à perpétuité la somme de mille livres par année au Séminaire Saint-Irénée pour l'entretien de cinq ecclésiastiques.

On sait assez comment, parvenu à la quarantième année de son épiscopat et à la quatre-vingt-septième de son âge, ce noble prélat mourut, le 3 juin 1693, victime de son zèle pour le soulagement des pauvres Lyonnais. S'il eut, au milieu d'une disette extrême, assez d'autorité pour calmer les murmures de ses chères ouailles, le bon pasteur n'en fut pas moins sensible à leurs souffrances, et les angoisses qu'il éprouva lui coûtèrent la vie. Sa mort fut un deuil pour toute la province de Lyon et spécialement pour le Séminaire Saint-Irénée. A ce sujet M. Tronson écrivait à M. Maillard : « Tout le monde a sujet de le regretter et je ne m'étonne pas que vous soyez touché plus particulièrement de cette perte, sachant l'amitié qu'il avait pour vous. Je souhaite que vous occupiez une aussi bonne place dans le cœur de celui qui lui succèdera » (1).

Ce vœu ne tarda pas à se réaliser. Trois mois après la mort de Mgr de Neuville, par brevet du 5 septembre 1693, M. Claude de Saint-Georges (2) fut nommé à l'archevêché de Lyon. De

(1) L'estime que Mgr de Neuville avait conçue pour M. Maillard apparaît jusque dans une lettre écrite par le maréchal de Villeroy à Mgr de Roquette, évêque d'Autun, administrateur de l'Archevêché de Lyon (12 août 1693) : « Permettez-moi encore de vous recommander M. Maillard, qui est un bon homme que feu mon oncle considérait tout à fait. » V. *Mgr de Roquette, tom. II, pièces justificatives, p.* 529.

(2) Issu d'une noble et ancienne maison du Lyonnais, docteur de Sorbonne (28 septembre 1673), il fut envoyé par la province de Lyon, comme député du second ordre, à la fameuse assemblée de 1682. Quoi qu'en dise M. Fisquet (*France Pontificale, Lyon, p.* 471), nous ne croyons pas que « l'abbé de Saint-Georges ait pris une fort grande part aux travaux de cette assemblée. » Du moins ce ne fut pas « comme agent général du clergé ; » car les deux agents étaient alors (1680-1685) Jacques Desmaretz, neveu de Colbert, et Armand Bazin de Bezons (v. Ch. *Gérin Assemblée de 1682,* 2ᵉᵐᵉ édition, pp. 290-291). Or, privés de la voix délibérative, les simples députés du second ordre, comme disait l'un d'eux, « n'étaient là que pour opiner doctement du bonnet. » Mais sans doute M. de Saint-Georges était bien en cour ; car, aussitôt après l'Assemblée (mai 1682), il fut nommé par le Roi à l'évêché de Mâcon, puis successivement aux sièges de Clermont, de Bourges et de Tours. Il ne put en occuper aucun, parce que le Pape refusait les bulles à tous ceux qui avaient été membres de l'Assemblée. Après la conclusion de la paix entre Innocent XII et Louis XIV, il fut nommé à l'archevêché de Lyon. Avant de recevoir l'institution canonique, il dut faire sa soumission au Pape comme les autres

même qu'il avait fait en 1671, étant déjà comte et précenteur de Saint-Jean, un assez long séjour au Séminaire Saint-Irénée, pour se préparer au sacerdoce, il voulut recevoir l'onction épiscopale dans la chapelle du Séminaire de Saint-Sulpice (28 novembre 1693). S'il avait semblé auparavant trop assidu à la cour et trop complaisant, on le vit dès lors tout occupé des intérêts de son diocèse, « prélat pieux, décent, réglé, savant, imposant, résidant et de grande mine, avec sa haute taille et ses cheveux blancs.» (1) En un mot ses contemporains l'apprécièrent comme un des meilleurs évêques du royaume.

Pendant son séjour à Paris, Mgr de Saint-Georges avait témoigné aux prêtres de Saint-Sulpice, et notamment à M. Baudrand, combien il estimait M. Maillard. Bientôt il confirma toutes les espérances que ses premières paroles avaient fait concevoir en faveur du Séminaire. Arrivé à Lyon, il fit un excellent accueil au bon Supérieur, qui était alors assez gravement indisposé ; et, ce qui valait beaucoup mieux, il donna (11 août 1694) un mandement qui prescrivait à tous les aspirants au sacerdoce de demeurer plusieurs mois au Séminaire avant de recevoir chacun les Ordres sacrés (2).

Aussi, quelques mois après, M. Tronson écrivait-il à M. Maillard : « J'ai reçu votre lettre du 2 novembre (1694) ; j'ai bien de la joie de ce que vous me mandez que votre séminaire se remplit, qu'il y a soixante ecclésiastiques, trois comtes de Saint-Jean et deux neveux de Mgr l'Archevêque. »

La joie du sage supérieur fut plus grande encore lorsque, deux mois plus tard, on lui écrivait de Lyon que M. Maillard avait

Prélats de 1682. Nous pensons d'ailleurs que la Providence lui ménagea une excellente occasion de reconnaître et de regretter sa faute, [et que] pour avoir pris quelque part aux attaques dirigées contre les prérogatives du Saint-Siège, il eut la douleur de voir diminuer l'étendue de sa juridiction primatiale. Après un long procès soutenu contre Jacques-Nicolas Colbert, archevêque de Rouen, qu'il avait rencontré à l'Assemblée de 1682, la province de Normandie fut détachée de la primatie de Lyon, par simple arrêt du Roi en son Conseil (12 mai 1702). — Ajoutons que l'abbé de Saint-Georges, avant son épiscopat, aurait publié, sous le voile de l'anonyme, à Cologne en 1691, et en 1692 sans nom de ville, un opuscule intitulé : *Les sentiments de Gerson et des canonistes touchant les différends des rois de France et des Papes.* Cet ouvrage fut mis à l'index par décret du 17 janvier 1703, et pourtant réimprimé à Londres, en 1710.

(1) V. *Mémoires du duc de Saint-Simon.*

(2) Déjà, pendant la vacance du siège, Mgr de Roquette avait fait et publié une ordonnance analogue.

repris assez de forces pour assister à tous les exercices de la communauté. « Je ne doute pas, écrivait-il, que cet exemple ne soit d'une grande édification pour tous les ordinands..., et un puissant moyen pour maintenir le bon ordre dans la maison. » La suite de la correspondance de M. Tronson avec M. Maillard nous montre que les choses allèrent toujours en s'améliorant et se perfectionnant à Saint-Irénée.

C'est alors aussi que, pour la première fois, les règlements du Séminaire furent imprimés sur pancartes, avec l'approbation de Mgr de Saint-Georges. Ils contiennent les mêmes prescriptions qui sont aujourd'hui en vigueur, concernant le costume ecclésiastique, la retraite spirituelle, l'ordre des rangs dans la maison, la fréquentation des sacrements, l'assistance à la sainte messe et aux offices solennels, la fidélité aux exercices de piété, la pratique de la direction, l'observation du silence et de la modestie ecclésiastique, enfin sur les sorties, sur le service de la table et sur tout ce qui regarde la propreté de la chapelle et des chambres. Mais l'ordre des exercices était assez différent de celui qui s'observe maintenant. Le lever était fixé à 5 heures en hiver, et à 4 heures 1/2 depuis l'octave de Pâques jusqu'au mois d'octobre. Une demi-heure après, commençait l'oraison en commun, qui durait une heure. A 8 heures, la messe de communauté suivie du déjeûner en silence. De 9 heures à 10 1/2, la leçon de théologie scolastique. A 11 heures, lecture du Nouveau Testament et examen particulier, suivis du dîner. Ensuite récréation jusqu'à une heure. Puis, exercice de plain-chant pour ceux qui ne récitaient pas le bréviaire. De 3 heures à 4 heures, leçon de théologie morale ou d'Ecriture Sainte alternativement. De 5 h. à 5 h. 1/2, lecture spirituelle en commun, chacun dans le livre qui lui était marqué par son directeur. A 6 h. 1/2, le souper suivi de la récréation jusques à 8 heures. Alors prière du soir en commun et sujet d'oraison. Coucher à 9 heures. — Durant les heures libres, chacun étudiait dans sa chambre, en silence. Dans la soirée, tous faisaient une visite au saint Sacrement et disaient le chapelet de Notre-Dame, au moment fixé par leur règlement particulier ; tandis que toutes les parties de l'office divin se récitaient à des heures déterminées, par exemple, Prime avant l'oraison, Tierce avant la messe et Sexte aussitôt après.

Le nombre des séminaristes augmentant toujours, la tâche devint trop considérable pour quatre Directeurs. Mais, d'autre part, les revenus du prieuré de Firminy avaient notablement diminué, « soit par la misère et calamité du temps, soit par l'augmentation des portions congrues de quatre curés et de leurs vicaires. » Demander en pareille circonstance deux auviliaires, c'eût été s'imposer une trop lourde charge, si le Séminaire de Saint-Sulpice ne fût venu au secours de celui de Saint-Irénée avec sa générosité habituelle. M. Tronson avait eu, en 1638, le prieuré de Chandieu-en-Forez, par résignation de M. Antoine de Sève, un de ses oncles maternels. Ce bénéfice pouvait valoir alors 1,3oo livres de revenu. Après en avoir joui plus de cinquante ans, M. Tronson le résigna d'abord à M. Leschassier, et celui-ci presque aussitôt (1690) à M. Bourbon, qui s'en démit (8 novembre 1694) entre les mains de Mgr de Saint-Georges, en faveur du Séminaire Saint-Irénée.

Or, le prieuré de Saint-Domin de Chandieu (ordre de Saint-Benoît) dépendait de l'abbaye de Manlieu en Auvergne. Deux religieux, D. Michel Dufloquet de Réals, sous-prieur, et D. Jacques Dusaulzet, sacristain, résidaient au prieuré. C'est pourquoi, après que l'abbé commendataire de Manlieu eut donné son consentement à l'union désirée, l'archevêque ordonna « qu'avant rendre droit le projet serait communiqué officiellement audit sieur Abbé et aux Religieux de Manlieu, aux sieurs Prieur et Religieux de Chandieu ; que, cependant il serait procédé à une enquête *de commodo et incommodo.* » Enfin, commission fut donnée à Mre Sauveur Manis, official, pour toutes les opérations nécessaires. Ce fut lui, en effet, qui reçut à Chandieu (14 juin 1695) un nouvel acte de la démission de M. Bourbon, un nouveau consentement de l'abbé de Manlieu, l'acquiescement du prieur et des religieux de Manlieu, le consentement, sous certaines réserves, des deux religieux de Chandieu ; lui aussi qui, le lendemain, reçut à Montbrison, dans la maison curiale de Saint-André, les dépositions de plusieurs témoins choisis parmi les personnes les plus considérables de la ville. (1)

Toute cette procédure terminée, le Promoteur présenta ses conclusions favorables, en les appuyant sur les considérations suivantes :

« Le Séminaire Saint-Irénée, dont l'utilité est si connue par les grands biens qu'il a faits dans le diocèse depuis son établis-

(1) Jusqu'alors chacune des places monacales n'avait valu que 5o écus environ ; la sacristie rapportait à son titulaire 5o autres écus.

sement, n'ayant point d'autres revenus que celui du prieuré de Firminy, qui est beaucoup diminué par les portions congrues et les autres charges, ne pourrait entretenir le nombre des directeurs nécessaires pour l'instruction des ecclésiastiques qui doivent s'y retirer pendant un an, pour se disposer à l'ordination, ou pour y prendre l'esprit de leur état, suivant la sage ordonnance que vous en avez faite, Monseigneur, laquelle est l'effet de ce zèle pastoral que vous avez pour la sanctification et perfection de votre clergé. Tous les témoins de l'information, au nombre de dix, (1) tous distingués par le rang qu'ils tiennent à Montbrison, soit dans l'église, soit dans la magistrature, d'une probité connue et d'un mérite personnel, rendent un témoignage public de cette vérité et déclarent que cette union, si utile et si nécessaire, n'est préjudiciable ni au lieu de Chandieu, ni à la province de Forez, et que le revenu de ce prieuré ne peut être consacré à un plus saint usage qu'à entretenir un Séminaire où les clercs sont élevés dans l'esprit de la cléricature, où les ordinands se disposent si saintement à l'ordination et s'exercent avec tant d'édification aux fonctions sacrées de leurs ordres; où les pasteurs enfin se retirent de temps à autre pour se remplir de l'esprit de Dieu qu'ils répandent ensuite avec tant de bénédictions dans leurs paroisses, à la sanctification des âmes que la Providence leur a confiées. »

Bientôt les deux religieux de Chandieu se désistèrent des réserves qu'ils avaient faites. Elles n'avaient d'autre but, comme ils l'avouèrent, que de maintenir leurs droits et d'obtenir le règlement de leurs portions monacales. Ces portions furent, en effet, du consentement des parties, fixées par Mgr de Saint-Georges à 300 l. pour chacun, non compris les revenus spéciaux de la sacristie.

---

(1) Mʳᵉ Guillaume de Gressoles, prêtre doyen de l'église N.-D. de Montbrison, âgé de 52 ans; Mʳᵉ Laurent Boyer, prêtre, curé de Saint-André de Montbrison, âgé de 35 ans; Mʳᵉ Simon Pactier, prêtre, curé de Saint-Pierre de Montbrison, âgé de 47 ans; Mʳᵉ Jean-Marie Boyer, prêtre, curé de Sainte-Marie-Madeleine de Montbrison, âgé de 39 ans; noble Pierre Daudieu, conseiller du Roi en l'élection de Montbrison, y demeurant, âgé d'environ 30 ans; noble Antoine Caze, conseiller du Roi, lieutenant en la châtellenie royale de Montbrison, âgé de 74 ans; noble Claude Duguet, ancien avocat du Roi et conseiller honoraire au bailliage et sénéchaussée de Forez, âgé de 80 ans; noble Louis Punctis de la Tour, conseiller du roi, receveur des tailles en l'élection de Montbrison, y résidant, âgé de 40 ans; Mʳᵉ Pierre Thoynet, notaire royal à Montbrison, âgé de 66 ans.

Enfin, par décret de l'Archevêque, en date du 23 septembre
1695, le prieuré de Chandieu fut uni au Séminaire, « avec tous
les droits, honneurs, émoluments, revenus et dépendances. » Le
10 octobre, deux Directeurs, au nom du supérieur et de leurs
confrères, furent mis en possession de ce bénéfice par Mre Sauveur Manis, suivant le cérémonial accoutumé et en présence de
tous les curés de Montbrison, de ceux de Pralong et de Chandieu et de plusieurs laïques. Et au mois de février suivant (1696),
le Roi donna des lettres patentes pour confirmer cette union (1).

Toutes choses étant ainsi arrangées, c'est le moment que la
divine Providence choisit pour retirer de ce monde le vénérable
M. Maillard. Après une courte maladie, il mourut le 23 mai
1696, dans sa 78e année. Le clergé de la ville et du diocèse de
Lyon, au service duquel il se consumait depuis trente-six ans,
pleura la mort de ce vertueux prêtre, qui avait été l'ami et le
successeur du vénéré M. d'Hurtevent. Saint-Sulpice, qui perdait en M. Maillard un de ses membres les plus respectables et
un des derniers disciples de M. Olier, en fut aussi vivement af-
fligé. « C'est une perte qui nous est commune, écrivait M. Tronson au premier Directeur du Séminaire Saint-Irénée ; la douleur qu'elle nous cause nous est d'autant plus sensible que nous
espérions le voir ici au premier jour (pour la prochaine assemblée des assistants). Mais, puisque Dieu ne nous a privés de
cette consolation que pour lui donner plus tôt la récompense

(1) On s'occupa sans retard de faire enregistrer ces lettres patentes au
Parlement et au Grand Conseil ; on obtint même des deux Cours les
arrêts qui ordonnèrent de nouvelles informations *de commodo et incommodo.*
Mais on se contenta de l'enregistrement au Parlement, soit pour éviter les
trop grands frais, soit parce que les religieux ne songèrent jamais à se
pourvoir au Grand Conseil. Toutefois, lorsque le Parlement fut sur le point
de recevoir les lettres royales, ils s'avisèrent de renouveler leur opposition. Leur avocat alla même jusqu'à prendre des lettres de rescision. La
Cour indignée les cassa et, à la requête du ministère public, ordonna que
les deux religieux seraient obligés de résider dans l'abbaye de Manlieu,
qui recevrait du Séminaire Saint-Irénée le montant de leurs pensions monacales. Mais les bénédictins de Manlieu firent difficulté de recevoir leurs
confrères, sous prétexte que les huit cellules de leur monastère étaient
toutes occupées. — Peu de temps après, D. Dusaulzet fut pourvu de la
sacristie de Saint-Germain-l'Herme (diocèse de Clermont), dans le voisi-
nage de sa famille ; il s'y retira volontiers. Quant à D. du Floquet, l'ancien
sous-prieur, resté seul, il fut invité par les religieux de Manlieu à venir
résider parmi eux, et sa pension fut payée jusqu'à sa mort, qui arriva le
23 juin 1700.

due à ses travaux, il faut nous soumettre avec amour aux ordres de sa Providence toujours adorable, le remercier particulièrement de toutes les grâces qu'il lui a faites et lui demander l'accomplissement de ses desseins et sur lui et sur nous. »

Les funérailles de M. Maillard se firent au Séminaire Saint-Irénée et son corps fut inhumé dans la chapelle, auprès de celui de M. d'Hurtevent. On grava sur sa tombe l'inscription suivante :

D. O. M.

Hic jacet Balthazar Maillard,

presbyter Seminarii Sancti-Sulpitii parisiensis ;

viri incomparabilis et bonorum memoriâ digni, damiani

Hurtevent

in scholâ D. Olier condiscipulus, æmulus ;

in regimine Seminarii Lugdunensis socius et successor ;

pietatis hæres ut operis ;

hanc domum rexit annis xxiv ;

in senectute bonâ quievit,

die xxiii maii, anno mdcxcvi, ætatis verô anno lxxviii.

Ce bel éloge était mérité : M. Maillard se montra jusqu'à la fin le digne disciple de M. Olier, le laborieux continuateur des travaux de M. d'Hurtevent et le pieux héritier de son esprit. Par deux fois le Supérieur de Saint-Sulpice le chargea de la visite des séminaires voisins de Lyon. En 1681, l'assemblée générale le mit au nombre des consulteurs ; mais il dut retourner à Lyon, où sa présence était jugée nécessaire. C'eût été pourtant au cœur de M. Maillard une grande consolation de pouvoir rester à Paris, afin de terminer sa vie sacerdotale dans le sanctuaire béni où il l'avait reçue. Maintes fois il avait exprimé ce désir à M. Tronson ; mais il dut porter jusqu'au bout la charge qui lui avait été imposée.

A ce fardeau se joignirent assez fréquemment d'autres croix qui n'étaient pas moins lourdes. C'étaient des peines intérieures par lesquelles Dieu éprouvait et purifiait son âme. M. Tronson, à qui il les faisait connaître avec une touchante simplicité, aimait à lui recommander la plus parfaite résignation : « Ces maux, disait-il, ne se guérissent pas si aisément que les maladies du corps. C'est un pur ouvrage de la grâce et il faut attendre, dans un total abandon aux desseins du Souverain Maître, que sa main charitable nous secoure et nous donne la paix. »

Nous avons lieu de croire que le portrait de M. Maillard ne fut pas gravé comme celui de son prédécesseur. Du moins sommes-nous certain que, par modestie et sur le conseil de M. Tronson, il refusa cette satisfaction à un jeune docteur de Toulouse qui voulait lui dédier sa thèse. Les PP. Jésuites de Lyon essayèrent aussi inutilement de triompher de son humilité : on leur répondit que ce n'était pas l'usage. (1)

(1) Les principaux collaborateurs de M. Maillard (1672-1696) furent MM. Guisain et de la Goutte, dont nous avons parlé dans la Notice de M. d'Hurtevent; MM. Rigoley et Dourlier, que nous retrouverons bientôt; M. Guyton, dont nous avons signalé le désintéressement et M. de Tanoarn.

Julien de Tanoarn, né à Morlaix (alors diocèse de Saint-Pol-de-Léon), docteur de Sorbonne (du 28 janvier 1667), fut envoyé à Lyon en novembre 1668. Il géra d'abord le temporel à la place de M. Guisain, puis, en 1680, fut chargé d'enseigner le dogme. A la mort de M. Maillard, il était premier directeur du Séminaire; il fut alors (1696) appelé à Paris; il avait donc passé vingt-huit ans à Saint-Irénée. Après avoir fait, en 1699, la visite de plusieurs séminaires, il fut envoyé, l'année suivante, supérieur à Limoges. Il mourut dans cette charge, lors d'un voyage à Paris, le 1er décembre 1713, à l'âge de 78 ans. Assistant depuis 1671, il fit, en 1682, le pèlerinage de N.-D. de Lorette, au nom de la Compagnie et fut nommé consulteur en 1700.

3me SUPÉRIEUR : M. RIGOLEY

(1696-1721)

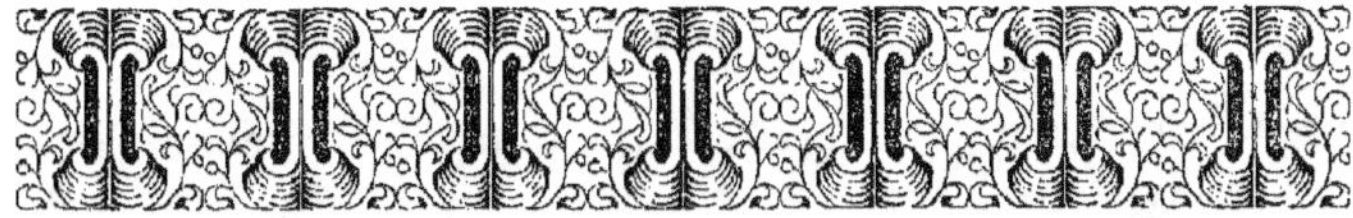

Notes historiques

SUR LE

SÉMINAIRE SAINT-IRÉNÉE

3ᵐᵉ Supérieur : M. RIGOLEY
(1696-1721)

I. Heureux commencements. — Règlement des retraites ecclésiastiques. — II. Sortie de M. Bourlier, nomeé supérieur de
Saint-Charles. — Etablissement d'une seconde pension. —
III. Continuation du batiment. — Achat d'une maison de campagne. — Régie des prieurés.

I

ès que M. Tronson eut reçu la nouvelle de la
mort de M. Maillard, il s'empressa de lui donner
pour successeur un directeur du Séminaire de
Saint-Sulpice, M. François Rigoley, qui avait
travaillé plusieurs années à Saint-Irénée et qui était avantageusement connu de Mgr de Saint-Georges. Comme ce
prélat était alors à Paris, la nomination du nouveau supérieur
fut aussitôt ratifiée ; et, dès le 30 mai (1696), M. Tronson écrivait à un des confrères de Lyon : « C'est une miséricorde de
Dieu que Mgr l'Archevêque ait agréé M. Rigoley, qui se
trouve en état de répondre à vos désirs et aux nôtres.... Je crois
que la fidélité qu'on aura à faire observer les règlements par les
Séminaristes et le bon ordre qu'on aura soin de maintenir dans

toute la maison feront concevoir une nouvelle estime du Séminaire Saint-Irénée. » (1)

Avant de se rendre à son poste, le nouveau supérieur dut assister à une Assemblée des Assistants et travailler quelque temps à la conclusion de l'affaire du prieuré de Chandieu. Enfin il se mit en route le 3o août. Non seulement ses confrères lui firent le meilleur accueil et témoignèrent tous à M. Tronson une grande joie de l'avoir pour supérieur; mais encore les principaux du clergé lyonnais le reçurent avec la plus parfaite honnêteté, et l'archevêque se hâta de lui rendre visite, à son retour de Paris.

L'impression que M. Rigoley produisit sur les séminaristes ne fut pas moins heureuse. Dès le début, il leur apparut tel qu'il se montra dans toute la suite de sa vie : un bon père pour les ordinands pauvres ou malades, un dévot serviteur de Marie, un supérieur ferme et zélé pour l'observation des règles. A ce triple point de vue, les dons qu'il fit au séminaire, dans le cours de la première année de son administration, ont une signification précise, qui augmente singulièrement leur valeur. Un beau poële, qui coûta plus de 200¹., fut acheté de ses deniers pour être établi dans une salle commune. Afin de mettre publiquement la Comunauté sous la protection de la sainte Vierge, M. Rigoley obtint pour le séminaire, au prix de 29 l., le privilège d'avoir ses armoiries, « qui furent le *Maria*, » ou monogramme de Marie. Enfin, il dota sa chère maison d'une belle

(1) M. François Rigoley, né à Auxonne, le 4 octobre 1640, fit ses premières études à Dijon, où son père devint conseiller au Parlement et secrétaire des Etats de Bourgogne. Après avoir terminé ses humanités et reçu la tonsure, il entra, le 17 octobre 1661, au Séminaire de Saint-Sulpice, pour se préparer aux saints Ordres et suivre les cours de théologie en Sorbonne. Il parcourut avec succès la carrière de la licence et prit le bonnet de docteur, le 13 octobre 1672. Il avait interrompu ses études vers la fin de juillet 1671, pour accompagner M. de Bretonvilliers dans son voyage d'Italie ; les pieux pèlerins eurent le bonheur de prier dans les sanctuaires de Lyon, Chambéry, Turin, Milan, Bologne, Lorette, Tolentino, Assise, Montefalco, Rome, Florence et Annecy.

Au mois de juillet 1674, M. Rigoley fut envoyé au Séminaire Saint-Irénée. Cette maison, où il devait finir ses jours, eut les prémices de son ministère. Il ne tint pas à M. Tronson qu'elle n'eût tout le travail de ce bon ouvrier, qui lui semblait dès lors capable de succéder à M. Maillard. Ce ne fut pas davantage la faute de M. Rigoley. Fidèle à sa vocation, il sut refuser la charge de lieutenant de l'officialité de Lyon et la conduite du Séminaire de Dijon, que M. Gontier, très digne prêtre de cette ville

« horloge à quatre marteaux, sonnant les heures, les demies, les quarts et même les avant-quarts; » si bien que M. Tronson le chargea d'en acheter une à peu près semblable, pour le séminaire de Saint-Sulpice, « chez le sieur Antoine Rousseau, maître hologer, demeurant en la place Confort. » (1)

Témoins du dévouement et de la générosité de leur supérieur, les ordinands s'appliquèrent avec un nouveau zèle à l'œuvre de leur sanctification. Non contents d'avoir passé au séminaire

voulait confier à ses soins (1678). En même temps, tout appliqué à ses fonctions, il édifiait les ordinands par sa conduite et il contribuait par ses libéralités à la construction du Séminaire; suivant le mot de M. Tronson, il donnait donc à cette maison *de rore cœli et de pinguedine terræ*. Toutefois, aux vacances de 1679, M. Rigoley fut appelé au Séminaire de Paris; l'état de sa santé ne lui permettait pas de prolonger son séjour à Lyon.

Il n'était que depuis un an à Paris, lorsque, sur la demande de Mgr de Roquette, il fut envoyé supérieur au Séminaire d'Autun qui venait d'être uni à celui de Saint-Sulpice, par un traité du 13 septembre 1680. M. Rigoley déploya un zèle et une sagesse admirables dans l'exercice de ces fonctions. Ses libéralités envers les Séminaristes pauvres étaient si abondantes, que, malgré toute sa discrétion, elles étaient connues du public, comme en témoigne la correspondance de Bussy-Rabutin. Enfin, fidèle à rendre compte de toutes choses et à consulter dans les occasions, il recevait les avis avec une docilité qui ravissait M. Tronson.

L'Assemblée de 1686 le mit au nombre des Assistants de la Compagnie. Mais, si ferme qu'il parût dans sa conduite, M. Rigoley n'était point partisan de la morale sévère dont un neveu de l'évêque, M. Henri-Auguste-Louis de Roquette, se faisait le champion dans le diocèse d'Autun. Pour satisfaire son neveu, le prélat se vit obligé de demander le départ de M. Rigoley. A ce sujet, M. Tronson écrivait aux directeurs d'Autun : « Je ne doute « pas que l'on ne soit surpris du départ de M. Rigoley; je suis même assez « persuadé que le Séminaire en souffrira; mais il faut bien s'y résoudre, « puisque le prélat le veut absolument, quelque considération qu'il ait pour « M. Rigoley. J'ai toujours cru, qu'à la fin, l'amitié pour le neveu l'empor- « terait. »

Telle fut la cause du changement de ce digne supérieur. M. J.-Henri PIGNOT, dans son ouvrage érudit (*Un Evêque réformateur*, etc. Tom. I. p. 271; Paris et Autun, 1876), ignorant le vrai motif, en a assigné un autre qui lui semblait probable, d'après un passage assez inexact de la *Vie de M. de Lantages*.

Quoi qu'il en soit, M. Rigoley fut envoyé supérieur à Clermont en 1690; mais, malgré la bonne volonté avec laquelle il s'efforça de répondre aux desseins de la divine Providence, sa santé ne lui permit pas d'y rester plus d'une année.

On dut le rappeler à Saint-Sulpice où il demeura cinq ans (1691-1696) jusqu'à la mort de M. Maillard.

(1) Celle de Saint-Sulpice coûta 900^l. et fut placée au mois de juin 1699.

le semestre prescrit par l'ordonnance de Mgr de Saint-Georges, tous ceux qui reçurent le sous-diaconat au mois de mai 1697 voulurent y demeurer après la Trinité, jusqu'à la fin de l'année scolaire ; et même plusieurs d'entre eux revinrent à la rentrée pour prendre la suite des traités.

De son côté, M. Rigoley ne négligea rien pour mettre les études de la maison sur un excellent pied. Ainsi, dès les premiers temps, il obtint de M. Tronson la permission de faire quelques leçons de philosophie aux Séminaristes qui n'avaient pas une connaissance suffisante de ces matières. Il étendit même sa sollicitude jusqu'aux écoliers qui, avant d'entrer au Séminaire, suivaient les cours de théologie au collège des PP. Jésuites. Mais surtout il eut le bonheur d'être admirablement secondé par plusieurs confrères, qui parurent aussi habiles professeurs que savants théologiens. Ce serait injustice que de ne pas nommer ici avec respect: M. Pays, du diocèse de Vaison, qui mourut à Paris, consulteur de la Compagnie ; — M. Charles de Fontenay, du diocèse de Rouen ; il mourut supérieur de Viviers ; — M. Thomas Bourget, du diocèse de Coutances, mort supérieur de Clermont ; — M. Thiéry Lefèvre, de Saint-Quentin, qui devint le 4me supérieur du Séminaire du Puy ; — enfin M. Pierre-François Mosnier de Boisfoucault, du diocèse de Nantes ; il avait d'abord porté l'épée (capitaine de dragons en 1688), puis était devenu conseiller au Parlement de Rennes ; il mourut à Paris, consulteur de la Compagnie.

A la même époque, M. Rigoley prit soin de rédiger le coutumier des retraites ecclésiastiques. En fixant par écrit les règles observées jusqu'alors, il espérait sans doute conserver plus sûrement et plus fidèlement les bonnes et saintes pratiques sur lesquelles la divine Providence avait, depuis quarante ans, répandu tant de bénédictions. Mais, loin de vouloir maintenir la tradition à l'encontre d'un sage progrès, il demandait avec bonheur aux autres Séminaires des renseignements qui lui permissent d'introduire dans cette œuvre quelque nouvel élément de perfection. Après avoir interrogé tout particulièrement ses confrères d'Autun et de Limoges, il joignit leurs observations aux données de son expérience personnelle. Ce fut la matière d'un petit cahier, composé en l'année 1700. Il renferme une foule de notes aussi justes que simples sur le choix des sujets qu'il convient de traiter dans les entretiens, sur l'honnêteté avec laquelle le supérieur doit recevoir messieurs les curés, sur les confessions annuelles qu'ils ont coutume de faire, et sur la nécessité du silence jusqu'à la fin de la retraite. De tous ces conseils inspirés par la charité, dictés par la connaissance du cœur humain et consacrés déjà par l'expérience, aucun n'est devenu inutile. Et même, quant aux exercices habituels et à l'ordre de la journée, rien n'a été changé, sauf quelques détails qui semblent aujourd'hui moins importants. Lever à 4 heures et demie ; l'oraison commençait à 5 heures et durait trois quarts d'heure : elle était suivie d'une demi-heure de répétition ou explication de la méthode. A 7 heures et demie la sainte messe. Tout le bréviaire et le chapelet se récitaient en commun. Outre deux entretiens principaux, qui avaient lieu, l'un à 9 heures et demie du matin, l'autre à 4 heures et demie du soir, on donnait à 2 heures et demie une petite conférence sur les principales actions de la journée ; souvent on la remplaçait par l'explication du rituel ou par la répétition des cérémonies de la sainte messe. La retraite durait sept jours entiers : elle commençait un mardi soir et se terminait le mercredi de la semaine suivante, par un service pour les prêtres du diocèse morts dans le cours de l'année ; on le célébrait solennellement afin de porter messieurs les curés à faire leurs offices avec toute la décence possible. Enfin, les Directeurs du Séminaire étaient les prédicateurs et habituellement aussi les seuls confesseurs des retraites ecclésiastiques.

Avec tant de zèle pour la sanctification des ecclésiastiques et pour la parfaite discipline du Séminaire, M. Rigoley trouvait son bonheur à vivre absolument retiré au sein de sa Communauté, en retranchant les visites inutiles et toutes les œuvres extérieures, surtout celles qui allaient plus directement contre l'esprit de Saint-Sulpice. Autant cette régularité faisait l'admiration des curés et des ordinands, autant elle choquait certaines personnes de la ville. Peut-être M. Rigoley ne prenait-il pas toutes les précautions possibles pour éviter les froissements, en s'assurant la liberté de remplir son devoir. On disait que parfois, au son de la cloche qui l'appelait à un exercice commun, « il avait planté là des officiers de l'Archevêché : » on ajoutait qu'il s'était posé en réformateur, avec la prétention de juger et de censurer la sainte conduite de ses prédécesseurs. Au surplus, ces critiques ne s'étendaient pas au dela d'un cercle très étroit de personnes intéressées, et M. Tronson était d'avis que le supérieur du Séminaire Saint-Irénée n'en devait tenir aucun compte ; il écrivait, le 20 avril 1698 : « Pour les plaintes des dévotes et des religieuses, qui ne trouvent plus dans le Séminaire ce qu'elles y trouvaient autrefois, il faut leur laisser la satisfaction de murmurer et de se plaindre, ne pouvant pas leur donner d'autre consolation. »

II

Malgré ces petites misères, M. Rigoley eût été le plus favorisé des supérieurs, si tous les directeurs du Séminaire avaient imité sa conduite. Mais le premier et le plus ancien de ses confrères, M. Bourlier, ne gardait pas la même réserve à l'égard des personnes du dehors (1). Il est vrai que les conditions particulières dans lesquelles ce bon prêtre lyonnais s'était donné à la Compagnie de Saint-Sulpice expliquent tout naturellement pourquoi plusieurs laïques zélés et même les meilleurs ecclésiastiques de la ville, MM. de Maulevrier, Manis et Terrasson, eurent la pensée de le faire nommer supérieur de la Communauté de Saint-Charles. Peu de temps avant la mort de M. Tronson

(1) M. Philippe Bourlier, né à Lyon, appartenait à une famille honorable dont quelques membres furent trésoriers de France. Entré, le 14 décembre 1665, au Séminaire Saint-Irénée, après y avoir reçu tous les Ordres, il continua d'y demeurer, soit pour [s'affermir de plus en plus dans la vertu, soit pour aider les Directeurs dans la formation des Séminaristes. Il était docteur en théologie ; peut-être faisait-il quelques répétitions de dogme ; mais il était principalement chargé des cérémonies. Les occupations qu'il avait dans la maison ne suffisaient pas à l'activité de son zèle. De bonne heure, il y joignait la confession et la direction de plusieurs personnes du dehors. Leur nombre s'accrut peu à peu, et comme on n'avait pas voulu d'abord interdire à un simple auxiliaire ce ministère extérieur, on dut le tolérer plus tard, même quand M. Bourlier eut été admis dans la société de Saint-Sulpice : ce qui eut des inconvénients fâcheux. Une première conséquence de cette faute fut de le mettre, durant plusieurs années, dans une sorte d'impossibilité de se donner à la Compagnie. Quitter Lyon, en pareille circonstance, pour séjourner quelques mois à la solitude d'Issy, n'était pas chose aisée. M. Bourlier en fit l'expérience quand, à peine arrivé à Paris, en octobre 1676, ses amis le réclamèrent à grands cris et le contraignirent à sortir du noviciat. Il y revint deux ans après, et M. Tronson, un peu à contre cœur, réduisit à six mois le temps de sa probation. De retour au Séminaire Saint-Irénée, M. Bourlier ne tarda pas à être chargé de l'Economat, tout en continuant de diriger ses pénitentes. A l'arrivée de M. Rigoley, il remplaça M. de Tanoarn dans les fonctions de premier Directeur du Séminaire. Dans le même temps, M. Tronson venait de revêtir d'une forme définitive et d'envoyer à toutes les maisons de la Province le Règlement des prêtres de Saint-Supice. Toutes ces circonstances réunies imposaient à M. Bourlier l'obligation de suivre l'exemple de M. Rigoley et d'observer à la lettre les Constitutions de la Compagnie.

(arrivée en l'an 1700), ils en avaient exprimé le désir ; bientôt, son successeur, M. Leschassier, reçut de Mgr l'Archevêque lui-même une demande formelle, dans les termes les plus pressants : « J'ai différé de vous demander M. Bourlier pour le faire supérieur du Séminaire de Saint-Charles, qui est établi pour élever des jeunes gens, de l'âge de dix ou douze ans, à l'état ecclésiastique, pour les envoyer ensuite dans les paroisses, sans qu'il leur en coûte rien. Une personne de piété y veut unir un prieuré de mon diocèse qui vaut plus de 2,000 f. de rente. Ce séminaire a plus de 6,000 f. de revenu fondé. Je serais bien aise qu'il fût conduit par M. Bourlier et ensuite par des prêtres de votre Séminaire. Il est né en cette ville, il y est reconnu et aimé. Je vous serai très obligé de me faire ce plaisir. » A cette lettre, en date du 22 mars 1701, M. Leschassier répondit, le 7 avril : « ... Vous avez toute autorité, Monseigneur, sur la personne de M. Bourlier ; c'est à vous à décider... Pour ce qui regarde la conduite de ce séminaire à l'avenir, vous me permettrez bien, Monseigneur, d'attendre votre arrivée à Paris, avant de prendre aucun engagement, afin qu'ayant plus de connaissance de l'état des choses, et étant informé de vos desseins sur cette maison, nous puissions juger plus sûrement de ce que nous pouvons promettre à Votre Grandeur et de ce que nous pouvons espérer de faire pour son service. »

Nommé supérieur de Saint-Charles, le 11 mai suivant, M. Bourlier quitta Saint-Irénée, le 27 août ; mais il ne cessa pas, au moins immédiatement, d'appartenir à Saint-Sulpice. Il continua même, jusqu'à sa mort (décembre 1718), de se confesser à M. Rigoley et de recourir à ses conseils en toute occasion.

Comme on le pense bien, jamais la Compagnie de Saint-Sulpice ne se chargea du Séminaire de Saint-Charles : elle aurait été obligée de prendre en même temps la direction de la Communauté des maîtres et des maîtresses, sans parler de la haute surveillance à exercer sur toutes les petites écoles.

Cette sortie de M. Bourlier n'eut pas seulement l'inconvénient de priver d'un bon ouvrier le Séminaire Saint-Irénée ; elle fit entrer à Saint-Charles un certain nombre d'ecclésiastiques pauvres, qui cherchaient avant tout à diminuer leurs dépenses. En effet, depuis plusieurs années, à cause de la cherté des denrées, le taux de la pension, à Saint-Irénée, avait été de 14 à 15 sous par jour, puis à 18 sous, ou 27 livres par mois. Si l'on tient compte du pouvoir de l'argent à cette époque, on reconnaît aisément que ces conditions étaient très dures, « vu le malheur des temps. » Pour résoudre cette difficulté, M. Rigoley avait conçu le projet, tout en conservant l'ancienne pension, d'en établir une autre plus modique, dont le taux permettrait aux étudiants peu fortunés de prolonger leur séjour au Séminaire Saint-Irénée. Sans doute si le sage supérieur avait eu à sa disposition, comme ses confrères de Paris, des bâtiments séparés, il eût trouvé plus simple de former deux communautés absolument distinctes. On conçoit en effet qu'un double service au même réfectoire et la réunion de tous les élèves sur une cour commune de récréation puissent, en pareil cas, donner lieu à quelques difficultés. M. Rigoley les avait bien prévues ; aussi, en proposant sa combinaison à M. Leschassier, il avait soin d'ajouter qu'il était sûr du bon esprit des Séminaristes et que, « si M. Bourlier entrait dans cette affaire et la voulait fortement comme tous ses confrères, » les embarras matériels se dissiperaient aisément. Toutefois ce projet ne se réalisa qu'au mois de mars 1703, quelque temps après la sortie de M. Bourlier. La grande pension demeura fixée à 27 l. par mois pour MM. les Comtes de Saint-Jean et autres personnes nobles ou riches et pour MM. les Directeurs. La petite fut abaissée à 18 l., ou 12 sous par jour. Et ce fut à peine si, en certaines années désastreuses, une douzaine de jeunes gens se trouvèrent en mesure de payer la première (1). Enfin, tous les Séminaristes continuèrent de vivre ensemble dans la plus parfaite charité, de telle sorte qu'on n'eut jamais à regretter cette curieuse combinaison.

(1) Les registres de la maison, qui nous ont fourni ces détails, indiquent aussi l'ordinaire des deux pensions. « On donne à ceux de la grande du pain blanc, la chopine pleine, une soupe, une entrée, une portion de bœuf et mouton de plus de demi-livre et du dessert ; le soir, du rôti et un dessert ; deux fois la semaine, des salades au souper. — A ceux de la petite pension, « une soupe, une entrée, avec un morceau ou de bœuf ou de mouton, d'un quarteron, du pain bourgeois d'un sol la livre, et un dessert ; moitié de la chopine à déjeuner, à dîner et à souper. Le soir, une entrée de viande en ragoût, soit galimafrée, soit hachis, et rien autre, sans dessert ; les jours de dimanche et les jours de congé, une salade et environ une demi-livre de rôti. Les jours maigres, on ne donne que très rarement du poisson à ceux de la petite pension, mais deux entrées en légumes, riz ou autres choses du même genre. — Il faut avoir soin qu'ils soient suffisamment nourris en carême. » Encore doit-on ajouter que M. Rigoley et M. de Boisfoucault, un de ses confrères, « avaient la dévotion de donner aux Ordinands pauvres de quoi demeurer au Séminaire. »

III

Il nous reste à dire quelques mots des ‘ libéralités de M. Rigoley.

Après avoir, en 1700, payé à Mme l’Abbesse de Saint-Pierre une somme de 5,000 l., pour les droits de milaod dont le Séminaire était grevé à l’égard de ce monastère, il constitua sur l’Hôtel-de-Ville de Paris une rente, au capital de 3,200 l., qui devait être employée, par les soins du supérieur de Saint-Sulpice, à solder cette redevance trentenaire.

Bientôt après, il forma le projet d’accroître le bâtiment pour le rendre capable de recevoir les curés pendant les retraites pastorales, sans mettre les ordinands à la gêne. M. Leschassier, à qui le plan fut soumis, l’approuva d’autant plus aisément que M. Rigoley se proposait de payer la majeure partie, sinon la totalité de la dépense. Les travaux, exécutés dans les années 1708-1709, coûtèrent environ 25,000 l., sans compter le mobilier des chambres, qui fut aussi acheté des deniers du bon Supérieur. Ce nouveau pavillon donna vingt-huit cellules, y compris une soupente, qui fut détruite quelque temps après, pour accommoder des appartements spacieux à l’usage des Archevêques de Lyon.

M. Rigoley voulut aussi contribuer, mais nous ignorons dans quelle mesure, à l’acquisition d’une maison de campagne. Tout d’abord, il avait loué, sur la rive de la Saône, en face de l’Ile-Barbe, une petite propriété nommée le Verney, dont il donnait 50 écus par an; c’est là qu’on dînait et qu’on soupait, dans les grands congés. Enfin, en 1711, il acquit le domaine de Vassieu (paroisse de Rillieux-en-Bresse), comprenant, avec quelques bâtiments, un fonds très vaste, tant en vignoble et labour qu’en friche et bois taillis, le tout, moyennant une somme de 15,000 l. payée comptant, avec une rente viagère de 500 l., qui fut servie au vendeur jusqu’en 1744. En outre, par acte du 19 juillet 1713, on affranchit cette terre de tout droit seigneurial, « en donnant au marquis de Tavannes un sac de mille livres. » De même on s’abonna pour la dîme à 100 livres par année.

Enfin, M. Rigoley eut le mérite de mettre sur un meilleur pied l’administration temporelle des deux bénéfices de Firminy et de Chandieu. A sa demande et grâce à l’appui de Mgr de Saint-Georges, l’assemblée du clergé de Lyon (29 novembre 1700) consentit à rayer du rôle les décimes des prieurés qui étaient unis au Séminaire Saint-Irénée. Après avoir obtenu ce dégrèvement considérable, M. Rigoley fit renouveler tous les terriers ou autres titres seigneuriaux et revendiquer en justice les droits légitimes qui lui étaient contestés (1). Mais surtout il cessa d'affermer les revenus, pour en confier la régie à un de ses confrères, M. Colon, qui avait acquis par une longue expérience une grande habileté dans la gestion du temporel (2). Or les fermiers avaient tellement vexé les habitants, épuisé les terres, délabré les maisons prieurales, appauvri les églises des paroisses, que le nouveau système d'administration parut beaucoup moins onéreux à tous les tenanciers. Il fut en même temps plus avantageux pour le Séminaire Saint-Irénée, qui se trouva bientôt en état de fonder une Communauté de Philosophie. C'est à peine si le vénérable Supérieur vit les commencements de cette nouvelle institution qu'il avait ardemment désirée; mais, grâce aux ressources qu'il avait préparées, il put se promettre que ses confrères travailleraient à l'affermir et à la développer, comme nous le raconterons dans la suite.

M. Rigoley, parvenu à un âge avancé, tomba malade le jour de Noël 1720, en disant la troisième messe. Le 31 décembre, il put se rendre à la salle des exercices, où il dicta son testament, en présence de plusieurs séminaristes, qui servirent de témoins instrumentaires (3). Par cet acte, il institua son héritier universel l'aîné de ses neveux, Messire Jean Rigoley, premier président de la chambre des comptes à Dijon, et donna tous ses meubles et son argent au séminaire Saint-Irénée.

« Après l'Epiphanie, il put encore dire la sainte Messe quatre ou cinq fois. Cependant ses forces déclinaient rapidement. Le

(1) On peut voir, par exemple, dans une intéressante monographie : *Le royal monastère de Chazeaux*, par M. l'abbé Javelle (Saint-Etienne, 1780), pp. 202.-208, la « conclusion d'un différend survenu contre les Dames Abbesse et Religieuses du Monastère de Chazeaux et Messieurs du Séminaire de Saint-Irénée. »

(2) M. Etienne Colon, du diocèse de Mâcon, avait passé quelque temps au Séminaire de Lyon et était prêtre, lorsqu'il entra à Saint-Sulpice, le 6 octobre 1683. Nommé, en 1717, économe des deux prieurés de Chandieu et de Firminy, il résidait habituellement dans la première de ces localités, et allait à Lyon, de loin en loin, particulièrement à l'époque des retraites. Il mourut à Chandieu, dans la nuit du 22 au 23 août 1723.

(3) Entre autres, Antoine Clapeyron, sous-diacre, natif de Lyon, qui, quelques années plus tard, légua au Séminaire Saint-Irénée sa bibliothèque et une somme de 3, 000 l. pour fonder une grand'messe.

jour de la Purification, il rassembla toute sa vigueur pour assister à la messe à laquelle il communia, et pour renouveler sa profession cléricale ; comme le vieillard Siméon, il chanta le *Nunc dimittis* et fit son action de grâces. Deux heures après, il fut surpris d'un délire léthargique. Toutefois, quand on lui proposa de recevoir l'Extrême-Onction, il se réveilla et en marqua un vrai désir ; il fit lui-même disposer sa chambre et surtout son pauvre lit, où il était sur sa paillasse enfoncée jusqu'au bois. En recevant ce dernier sacrement, il ne parla que du besoin qu'il avait de la divine miséricorde. Sa mort fut très douce. » Elle arriva le 11 février 1721.

Mgr l'Archevêque, François-Paul de Neuville de Villeroy, présida la cérémonie de l'inhumation, à laquelle il avait convié tous les membres de son Conseil. Il fit lui-même l'absoute. La messe fut célébrée par M. Terrasson, official, assisté de son neveu le théologal, pour sous-diacre, et de M. du Soleil pour diacre. Les paroisses principales de la ville, Saint-Jean, Ainay, Saint-Nizier, Saint-Pierre et Saint-Saturnin, ainsi que les communautés des Jésuites et de Saint-Charles, prêtèrent leurs plus riches ornements.

Le corps fut inhumé dans le chœur de la chapelle du Séminaire, du côté de l'épître. On grava sur la tombe l'inscription suivante :

D. O. M.

Hic jacet Franciscus Rigoley,
doctor Sorbonicus,
sacerdos Sancti Sulpitii parisiensis,
Tertius superior Seminarii Lugdunensis vigilantissimus,
verè Mariæ servus, Ecclesiæ filius, clericorum pater ;
præfuit annis XXV ;
plenus dierum bonorumque operum
obiit XI februarii, anno MDCCXXI, ætatis LXXXI.

4me SUPÉRIEUR : M. FYOT DE VAUGIMOIS

(1721-1758)

Notes historiques

SÉMINAIRE SAINT-IRÉNÉE

4ᵐᵉ Supérieur : M. de VAUGIMOIS
(1721-1758)

CHAPITRE I

M. de Vaugimois et nommé supérieur. — Communauté de Philosophie : Établissement en 1721. — Progrès. — Organisation. — Utilité de cette institution.

Trois semaines environ après la mort de M. Rigoley, le 4 mars 1721, Mgr François-Paul de Neuville fit appeler à l'Archevêché les quatre Directeurs du Séminaire Saint-Irénée ; et, en présence de M. de Lacroix, son vicaire-général, il leur déclara qu'il avait de loin concerté avec M. Rigoley, comme avec M. Leschassier, la nomination du nouveau Supérieur de son Séminaire ; que, ne voulant point d'étranger, il avait obtenu de M. Leschassier la permission de choisir entre ceux qui avaient actuellement la conduite de cette maison ; que, jeune comme il était, il préférait un supérieur jeune et qu'ainsi il avait jeté les

yeux sur le moins âgé d'entre eux, M. Fyot de Vaugimois, dont il connaissait d'ailleurs la capacité et le mérite.

En effet, M. de Vaugimois n'avait pas encore accompli sa trente-deuxième année et se trouvait à Lyon depuis cinq ans environ, lorsqu'il fut appelé à recueillir la succession de M. Rigoley, son vénérable compatriote (1).

Les supérieurs de Saint-Sulpice, M. Leschassier, puis M. Le Peletier, craignaient d'abord qu'il n'eût été élevé trop tôt à la première place ; ils auraient préféré qu'on le laissât plus long-temps dans l'enseignement. Cependant, malgré sa jeunesse, malgré la délicatesse de sa santé, il fut, dès le début, à la hauteur de sa mission. Esprit fin et enjoué dans la conversation, prudent et large dans les affaires, il remplissait les devoirs ordinaires de sa charge avec un zèle plein de sagesse et de discrétion. Déployant toutes ses ressources au plus fort des difficultés, il con-

(1) Claude Fyot de Vaugimois était né à Dijon, le 31 août 1689, d'Anselme-Bernard Fyot de Vaugimois, seigneur de Taroiseau, Menades, etc., Président aux Requêtes du Parlement de Bourgogne, et d'Anne-Philippe Valon de Mimeure. Ses parents, qui jouissaient d'une fortune proportionnée à leur naissance, l'envoyèrent à Paris, pour y faire ses études ecclésiastiques. Le jeune Fyot était déjà clerc tonsuré quand il entra, le 26 octobre 1705, au Grand Séminaire de Saint-Sulpice. Reçu licencié de Sorbonne, le 29 février 1716, il fut admis dans la Compagnie de Saint-Sulpice et envoyé par M. Leschassier au [séminaire de Lyon, au mois de juillet 1716, en qualité de professeur de théologie. Enfin il prit le bonnet de docteur, le 22 septembre 1718.

Nous avons lu avec plaisir et profit une Notice biographique et bibliographique sur M. de Vaugimois, composée par M. L. Bertrand, prêtre de Saint-Sulpice. Elle tient 16 pages (329-344) à la fin de son ouvrage intitulé : *Vie Ecrits et Correspondance littéraire de Laurent-Josse Le Clerc*. in-8. XII-352, Paris, 1878, tiré à 250 exemplaires. Ce livre nous a paru un chef-d'œuvre de patience et de fine critique. Toutefois, en ce qui concerne la biographie de M. de Vaugimois, nous croyons pouvoir non-seulement la développer avec les pièces dont M. Bertrand s'est servi, mais encore la compléter un peu à l'aide de plusieurs documents qu'il n'a pas connus. Ainsi, le *Journal manuscrit de Lyon* (ou *Mémoire de ce qui est arrivé de plus considérable dans le Séminaire de Saint-Irénée, depuis le mois de septembre 1696*), ne se compose pas seulement des deux volumes in-f. qu'il a lus à Paris; on conserve à Lyon un troisième registre, qui, embrassant une période de huit années (1739-1747), comble une lacune assez considérable; — sans parler d'un recueil de 108 lettres diverses, dont quatre écrites à M. Le Clerc, en 1733-1734, par M. Renaud, supérieur du Séminaire d'Autun. Enfin, nous avons trouvé quelques détails utiles dans les registres des examens et des ordinations, dans plusieurs liasses qui sont à Saint-Sulpice et à Saint-Irénée, notamment dans un Mémoire en 14 p. in-f, composé par M. de Vaugimois lui-même sur le Séminaire de Lyon.

cevait aisément un vaste dessein, le poursuivait avec autant
d'adresse que de fermeté et le réalisait au-delà de toute espérance. En un mot, il possédait le grand art de connaître et de
manier les esprits, ou le secret de gagner, sans peine et sans
efforts, l'estime et la confiance des personnes avec qui il avait
quelque affaire à traiter. La vivacité de son intelligence, la douceur de son caractère et la noblesse de ses manières étaient rele-
vées encore par l'onction de sa piété, dont ses écrits nous ont
conservé le suave parfum.

Aussi le voyons-nous, durant sa longue administration, mettre
la main à plusieurs œuvres différentes. Pour en abréger le détail, qu'il nous soit permis de suivre la division naturelle des
faits, sans nous attacher trop scrupuleusement à l'ordre des
temps. Nous parlerons d'abord de la communauté de Philosophie.

« Ce fut à la suite de plusieurs délibérations, et après avoir
« reçu trois lettres très pressantes de Mgr l'Archevêque François-
« Paul de Neuville, que les Directeurs du Séminaire Saint-Iré-
« née obtinrent enfin de M. Leschassier l'envoi de M. Boura-
« chot, sous-diacre, bachelier, pour enseigner la philosophie.
« Le jeune professeur, arrivé le 10 janvier 1721, commença son
« cours le 15, avec trois disciples, qui ne furent pas d'abord
« séparés des théologiens, en attendant qu'il fissent nombre
« compétent de Communauté. Mais notre très honoré Père.
« M. Leschassier, a écrit que, lorsqu'il y aurait communauté de
« philosophes, il leur faudrait un règlement particulier et,
« outre le professeur, un supérieur spécial, avec quelqu'un de
« confiance pour être présent à leurs études en commun. On
« prétend, pour cette fois, faire le cours en une année. Cet
« établissement a paru nécessaire pour entretenir les vocations
« et la bonne doctrine dans le Diocèse. »

Ainsi s'exprimait l'Annaliste du Séminaire, avant la mort
de M. Rigoley :

Or, « dès la rentrée suivante, à la Saint-Martin de 1721, après
« avoir disposé dans le vieux bâtiment une salle d'étude, un réfec-
« toire et une salle de récréation, on commença un cours assez
« réglé de philosophie, avec vingt élèves. Un des théologiens les
« plus sages seconda M. Bourachot, président; en son absence,
« à la salle d'études, entretenant la récréation et donnant tous les
« soirs une heure de répétition. La conduite de cette petite com-
« munauté fut confiée à M. Gourichon, un des directeurs du

« Séminaire. Dès lors, il n'y eut plus aucune communication entre
« les philosophes et les théologiens, excepté dans les offices,
« à l'église et quelquefois à la conférence spirituelle, la veille des
« grandes fêtes. Et même, dans les congés d'été, quoique les
« deux communautés allassent le même jour à Vassieu, elles
« demeuraient séparées pour leurs jeux comme pour le
« réfectoire.

« Ces jeunes philosophes soutinrent plusieurs thèses, les unes
« dans leur salle d'étude, les autres dans la salle du Poële, en
« présence des théologiens qui voulurent y assister. La Logique
« fut terminée au commencement de février, la Métaphysique
« vers Pâques et la Morale à la Trinité. Le reste du temps fut
« employé à la Physique, dont on fit, à la Saint-Louis (25 août),
« les plus belles expériences, pour lesquelles chacun des élèves
« donna 25 sous. On leur avait fourni, d'ailleurs, une machine
« pneumatique, dont on fut très content; elle avait été payée
« 66 l. au sieur Lescoiffier, fondeur. Les étrangers de connais-
« sance furent admis à ces expériences qui étaient expliquées
« *ad nutum* de M. Bourachot, par les plus habiles de ses écoliers.
« Aussitôt après, et jusqu'à la Saint-Augustin (28 août), on fit
« soutenir à tout le monde les thèses générales de philosophie,
« sans en dispenser personne; on y laissa même disputer des
« philosophes étrangers qui fréquentaient la Maison.

« La plupart des élèves de ce premier cours furent de jeunes
« laïques : on obligea seulement ceux qui étaient bénéficiers
« à porter la soutane. Parmi eux il se trouva nombre de fort
« bons écoliers et, à la réserve d'un ou deux, tous eurent la capa-
« cité et la science suffisantes pour entrer en théologie.

« La rentrée des philosophes, en 1722, fut fixée au 8 novembre.
« Elle se composa de 30 personnes, qui furent partagées en
« deux répétitions auxquelles présidèrent deux théologiens. Il y eut
« encore cette année-là de très bons écoliers, parmi les-
« quels plusieurs enfants de qualité, et même quatre élèves
« distingués, qui méritèrent d'être envoyés au Séminaire de
« Paris.

« Après avoir professé trois ans avec beaucoup d'applaudis-
« sement, M. Bourachot quitta Lyon pour retourner à Paris.
« (Il devait être un jour le septième Supérieur général de la
« Compagnie de Saint-Sulpice.)

« Ses successeurs remplirent la même tâche avec beaucoup
« de dévouement. En 1730, le nombre des élèves était

« de 36 ; en 1731, il s'éleva jusqu'à 53, dont 8 ou 9 seule-
« ment en seconde année, obligés de redoubler leur Logi-
« que. »

Mais une épreuve pénible était réservée à la Communauté de
Philosophie. Sa prospérité faillit causer sa ruine. L'esprit de
discorde essaya d'effrayer les PP. Jésuites, en leur montrant le
Séminaire Saint-Irénée comme un rival menaçant et redoutable
pour les Collèges dont ils avaient la direction. Allèrent-ils, suivant
le conseil de quelques amis trop timides ou trop zélés, jusqu'à
demander à Mgr de Rochebonne, successeur de Mgr de Neuville, la suppression de cette petite Communauté ? Nous ne le
croyons pas. Ils se contentèrent sans doute de manifester leurs
craintes et leurs appréhensions. Toujours est-il que, dans l'espace
de quatre ans, (1733-1736), M. de Vaugimois se crut obligé de
rédiger trois mémoires à l'adresse du Prélat.

Ces différentes pièces, composées toujours au même point de
vue, ont entre elles une grande analogie : sous des formes assez
variées, ce sont au fond les mêmes considérations qui plaident
en faveur de la même thèse. Aussi bien la vérité a pour carac-
tères l'unité et la simplicité.

En résumé, le digne supérieur se borne à faire ces trois
choses : il rappelle brièvement une série de faits et un ensemble
de situation, qui étaient de notoriété publique pour ses contemporains, et qui nous offrent aujourd'hui plus d'une révélation
curieuse ; — il prouve, par une expérience de douze à quinze ans,
les services considérables que peut rendre la Communauté de
Philosophie ; — il répond aux objections alléguées de la part
des RR. Pères Jésuites.

Non, ce n'est pas sans surprise que nous avons lu, ce n'est pas
sans hésitation que nous reproduisons des appréciations qui
vont à l'encontre de toutes les statistiques, plus ou moins offi-
cielles, dressées sur notre sujet par M. Boiteau et autres historiens
modernes. Ces auteurs nous ont si bien habitués à regarder le
clergé de la fin du dix-septième siècle comme un corps très-riche
et très-nombreux, que nous n'osons guère discuter leurs conclusions. Eh bien ! pourtant, en 1720, non-seulement plusieurs
diocèses, par exemple, ceux de Chartres, Sens, Bourges, Tours,
Orléans et quelques autres, éprouvent une véritable pénurie de
prêtres séculiers ; mais à Lyon même, on ressent déjà la disette de sujets ecclésiastiques et l'on craint de souffrir davantage
dans un avenir prochain. En effet, la moyenne des ordinations

sacerdotales pour le clergé diocésain est descendue à 40 environ par année ; et ce nombre est insuffisant (1).

Encore le recrutement se fait-il dans les conditions les plus médiocres. Le contingent fourni par la noblesse est moins considérable que jamais ; et, suivant l'usage, il est pourvu d'avance de tels et tels canonicats, qui lui rapportent plus d'honneur que de revenu. Tous les autres ordinands appartiennent à la classe indigente. Les uns, après avoir été choisis dans la population ouvrière des villes pour remplir les fonctions du bas chœur, ont paru dignes du sacerdoce, et les Chapitres, les Collégiales, ou les prêtres sociétaires qui les employaient, ont voulu faire les frais de leur éducation ecclésiastique. Les autres, fils de pauvres fermiers, viennent du fond de la campagne, où ils sont tout prêts à retourner pour enseigner le catéchisme et pour donner l'instruction élémentaire aux petits paysans. Mais pas un enfant de la bourgeoisie n'entre au Séminaire, pas un sujet de cette classe moyenne, si intelligente et si laborieuse, qui a donné à Louis XIV ses plus habiles ministres et ses meilleurs intendants, qui s'occupe aux affaires sérieuses et qui sans négliger les intérêts du commerce, convoite toutes les charges de l'administration et de la magistrature.

Enfin, il va sans dire que, dans ces conditions, la préparation au Séminaire ne saurait être uniforme. Aux différences déjà si grandes de la naissance et de l'éducation se joignent celles de l'âge et de l'instruction. Ainsi, par exemple, beaucoup se présentent en Théologie, qui n'ont fait aucun exercice de Logique.

Pour remédier à tous ces maux, M. de Vaugimois ne vit pas de moyen plus efficace que de favoriser les progrès du Séminaire

---

(1) En l'absence de tout autre document positif, pour vérifier l'exactitude de ce chiffre, nous avons dû interroger les registres des Ordinations, en tenant compte des dimissoires accordés ou reçus à l'Archevêché. Or, à cette époque, avant l'érection du siège de Saint-Claude, le diocèse de Lyon était notablement plus étendu, quoique un peu moins peuplé, qu'il ne l'est aujourd'hui.

Si nous remontons à la fin, ou même au milieu du dix-septième siècle, la moyenne des ordinations sacerdotales s'élevait à 50 par an. De là aux nombres supposés par M. Boiteau, il y aurait loin encore. D'où provient cette différence ? Il semble compter autant de prêtres bénéficiers que de bénéfices, sans prendre garde que souvent deux ou trois petites prébendes étaient réunies légitimement dans la même main, et que bon nombre d'entre elles étaient possédées par de simples tonsurés, ou bien unies à diverses Communautés; c'est du moins ce que nous avons constaté pour l'Eglise de Lyon et ce qu'on peut raisonnablement supposer pour la plupart des diocèses de France.

de Philosophie. Voici, en effet, comment, après quinze années
d'expérience, il résumait les avantages de cette Institution :

« Au point de vue des études, cet Etablissement permet aux
« aspirants à l'état ecclésiastique de faire leur Philosophie
« solidement en vue de la Théologie et, néanmoins, plus rapide-
« ment que dans les collèges, où l'on y consacre deux années.
« Avantageux pour les étudiants pauvres ou âgés, qui ne peu-
« vent pas être longtemps sur les bancs, ou qui n'ont pas de
« quoi payer de grosses pensions en ville, ce système est réali-
« sable : car, c'est un fait notoire qu'au Séminaire on dicte en
« une année autant qu'en deux au collège. Au Séminaire, l'année
« scolaire dure dix mois entiers ; on travaille fêtes et dimanches,
« avec un seul congé par semaine. Au collège, la journée du
« dimanche, les soirées du mardi et du jeudi sont perdues, sans
» compter, à Noël, Pâques et la Trinité, les semaines ou les
« quinzaines de vacances, qui font de grands vides dans la tête
« des jeunes gens et qui sont des écueils terribles pour leur
« piété. Que si plusieurs ne peuvent apprendre leur philosophie
« en une année, on leur permet volontiers de la recommen-
« cer.

« Au point de vue de la vocation, les avantages ne sont pas
« moins considérables. Il est alors grand temps de l'étudier, de
« la connaître et de l'affermir. Avant la Philosophie, la plupart
« des collégiens n'ont pas encore songé à faire choix d'une
« carrière. Entrés au Séminaire, ils voient par eux-mêmes de
« quoi ils sont capables : plusieurs renoncent à s'engager dans
« un état qu'ils auraient d'abord embrassé trop légèrement ;
« d'autres au contraire, qui, par crainte des dangers du ministère
« ordinaire, se seraient jetés dans le monde, ou réfugiés dans
« une communauté religieuse, reconnaissent qu'ils peuvent
« aisément, en suivant les bons principes qu'on leur donne, se
« sanctifier dans le clergé séculier et y mener une vie parfaite.
« Enfin tous ceux qui demeurent commencent alors à tenir une
« conduite plus régulière et plus édifiante, qui les dispose, sous
« la direction de quelque personne éclairée, à remplir toutes les
« obligations du sacerdoce.

« C'est ainsi que notre Communauté de Philosophie a fourni
« à l'Eglise, depuis quinze années, beaucoup de bons sujets qui
« appartiennent aux meilleures familles de la bourgeoisie de
« Lyon. Désormais on n'a plus besoin de recourir à des étrangers
« pour le service des grandes paroisses. »

Après avoir exposé les divers avantages que procurait cette Institution, M. de Vaugimois se crut encore obligé de résoudre deux difficultés.

On lui objectait d'abord le privilège des Jésuites. « Non, « répondit-il , ce privilège n'est pas si exclusif qu'on le « prétend. Sans doute, partout où ils ont des collèges, ils peu- « vent empêcher la fondation d'un établissement semblable. « Mais, à Lyon, une coutume contraire a prévalu et permis « à plusieurs pensions de s'organiser complètement, sans que les « élèves soient tenus d'assister aux classes du collège. Si le « privilège est discutable pour l'enseignement des Lettres , « du moins le doute ne saurait subsister par rapport à la « Théologie et à la Philosophie : l'autorité épiscopale a pro- « noncé dans ce sens en plusieurs endroits, notamment à Orléans, « à Clermont, où Mgr Massillon, afin de couper court à toutes « les difficultés, a obtenu des Lettres Patentes spéciales en « faveur de son Séminaire de Philosophie. »

Mais si l'établissement d'une Communauté de Philosophes respecte le privilège des Pères Jésuites, n'est-il pas du moins en opposition avec l'esprit de Saint-Sulpice et avec la fin essentielle des Séminaires ? Telle est la seconde difficulté.

« Pour nous assurer, répond encore le digne Supérieur, que « nous ne faisons rien de contraire aux constitutions de notre « Compagnie, il nous suffit de savoir que cette petite Commu- « nauté fut approuvée par M. Leschassier, et de jeter les yeux sur « les exemples semblables que nous donnent non seulement « les Séminaires sulpiciens de Paris, Orléans, Angers, Viviers « et Clermont, mais encore ceux de Sens, Tours, Chartres, etc.

« Sans doute, il y a quelque contradiction à recevoir en- « semble, dans un séminaire, ecclésiastiques et laïques ; il est « comme impossible que notre œuvre ne souffre pas de ce « mélange ; mieux vaudrait que chacun fût en sa place, les « ecclésiastiques au séminaire et les laïques au collège. Mais « nous sommes encore dans une situation provisoire. Tant « que le plan du concile de Trente n'est pas entièrement réalisé, « tant que l'on n'a pas fondé les petits-séminaires, où seront « admis les enfants de douze ans, pour être élevés dans la piété, « la religion et les saintes Lettres, il nous faut bien prendre « quelque moyen terme. Ainsi les Pères Jésuites devraient « d'abord envoyer au grand Séminaire et seraient inexcusables « de garder au collège les jeunes clercs, abbés, chanoines et

« autres bénéficiers, lesquels portent un habit violet à boutons
« d'or avec cravate, au lieu de prendre la soutanelle et le collet.
« Cependant, nous ne blâmons pas leur conduite. De notre
« côté, nous devons être libres de recevoir les étudiants qui,
« après la rhétorique, manifestent quelque intention d'entrer
« dans l'état ecclésiastique. Autrement, ce serait en éloigner
« le plus grand nombre, parce qu'ils n'ont pas eu occasion d'y
« réfléchir auparavant. »

A ces considérations, M. de Vaugimois aurait pu ajouter
que, suivant l'esprit des recommandations du saint Concile
de Trente, les Directeurs du Séminaire Saint-Irénée avaient
aussi étendu leur action sur les plus jeunes aspirants au sacerdoce. Car, en 1734, M. Gourjon, directeur des philosophes et
M. Guichard, économe, étaient chargés de confesser les petits
clercs de Saint-Jean, de Saint-Paul et de Saint-Nizier.

Mais, sans entrer dans les menus détails, le mémoire se terminait par un appel chaleureux à la paix et à la concorde : « Ce
« serait un triomphe pour le parti janséniste et un scandale pour
« tout le diocèse de voir deux Compagnies, jusqu'alors unies
« de sentiment, se diviser par des motifs qui ressentent l'intérêt.
« Nous ne cherchons à supplanter personne : nous laissons
« sans envie à d'autres ouvriers toutes les actions éclatantes
« du ministère extérieur; nous sommes ravis au contraire qu'ils
« croissent et se multiplient à l'infini. Et comment pourrions-
« nous leur faire ombrage ? nous ne sommes qu'une poignée de
« monde : il y a plus de Jésuites dans la seule ville de Lyon
« que de Sulpiciens dans tout l'univers. »

Grâce à ces explications, la concorde ne fut plus troublée, et
les Directeurs du Séminaire Saint-Irénée purent continuer en
paix l'œuvre importante dont ils étaient chargés.

CHAPITRE II

Luttes de M. de Vaugimois contre le jansénisme : *journée de St-Laurent* (10 août 1722) ; — diverses accusations dans les *Nouvelles ecclésiastiques* contre le supérieur et les directeurs du Séminaire St-Irénée ; — opiniatreté des joséphites.

Autant les prêtres de Saint-Sulpice parurent, en cette occasion, pleins d'abnégation et de déférence envers les Pères Jésuites, autant ils se montrèrent fermes et inflexibles dans les questions de foi à l'égard des Joséphites. Depuis longtemps, ce n'était un mystère pour personne que le Séminaire Saint-Irénée et la Communauté des missionnaires diocésains avaient, sur les matières de la grâce, les tendances les plus opposées. Déjà, vers la fin de l'épiscopat de Mgr de Saint-George, les Joséphites s'étaient fait gloire de n'être ni molinistes, ni ultramontains, comme les Jésuites et les Sulpiciens ; ils s'étaient même vantés d'enseigner, sous le nom de saint Paul, toute la doctrine de Jansénius.

« Peu s'en fallut, dit un auteur de la secte, que, pour cette raison, ils ne fussent, sous Mgr François-Paul de Neuville, les premières victimes de la Bulle. En arrivant dans son diocèse, ce prélat apportait de Paris la révocation des Lettres patentes de leur établissement. Il manda M. Plantier, leur Supérieur général, pour lui communiquer les accusations intentées contre eux. M. Plantier, qui n'était rien moins que courtisan, représenta avec force à Mgr de Villeroy que l'Archevêque de Lyon, en qualité de supérieur-né des Joséphites, était obligé de prendre leur parti contre d'anciens calomniateurs. La liberté de sa parole déplut au prélat, qui aurait frappé la Congrégation, si un magistrat, distingué dans la ville par le rang qu'il y tenait, n'eût habilement introduit à l'Archevêché M. Picheret, homme plus pliant, qui devint supérieur à la place de M. Plantier. Ce changement se fit, malgré les répugnances de toute la Communauté, dont quelques particuliers osèrent même protester contre l'intrusion. Mais M. Picheret était l'homme à la mode : il avait la confiance du prélat, et la politique humaine commençait à être l'âme des opérations. »

Etrange revirement dans les sentiments du prélat, ou plutôt, croyons-nous, étrange contradiction entre sa conduite extérieure et ses convictions intimes. Assez pieux pour instituer, dans son diocèse, la fête du Sacré-Cœur, malgré les railleries des Jansénistes, mais en même temps trop timide pour leur déclarer une guerre ouverte, il ménageait ses ennemis beaucoup plus que ses amis. Aux uns il accordait par crainte et par lassitude ce qu'il refusait aux autres avec empire. Bon jusqu'à la faiblesse, on ne le vit jamais, disent ses historiens, reprendre un serviteur coupable. Il avait tellement peur de ne pas témoigner assez de confiance à M. Picheret, qu'il lui abandonnait presque toute son autorité. Toutefois, sans vouloir se déclarer contre les Joséphites, il cherchait à paralyser leur influence pernicieuse. Au lieu de leur interdire l'enseignement des sciences sacrées, il crut plus habile de fonder auprès de la leur une école rivale de philosophie, ou plutôt de confier ce soin aux directeurs du Séminaire Saint-Irénée. Dans ces conditions, les prêtres de Saint-Sulpice ne se hâtèrent pas d'accéder aux désirs du prélat : ils pouvaient craindre que l'odieux de cette demi-mesure ne retombât sur eux. Mais enfin, quand ils se furent rendus aux instances réitérées de Mgr de Villeroy, en vue de soutenir la bonne doctrine dans le diocèse, ils voulurent remplir consciencieusement la charge qu'ils avaient acceptée.

Les premiers succès obtenus par la communauté naissante de philosophie indisposèrent les Joséphites : il fallait s'y attendre. Mais bientôt ils commencèrent à se plaindre si haut des soupçons répandus sur leur orthodoxie, que l'Archevêque « fit tenir devant lui une conférence » devenue fameuse parmi eux sous le nom de journée de Saint-Laurent. Si les directeurs du Séminaire Saint-Irénée avaient pris l'initiative de mettre au grand jour les menés secrètes du parti janséniste dans le diocèse de Lyon, personne assurément ne pourrait leur en faire un crime : c'eût été de leur part, à défaut d'autres soldats plus vaillants, l'accomplissement d'un devoir sacré. Mais cet honneur ne leur appartient pas, et M. de Vaugimois nous apprend que le feu fut mis aux poudres par M. Delpeuch, curé de Saint-André de Montbrison. Voici, en quelles circonstances.

« Au mois de juin 1722, *les Lettres curieuses sur les affaires de l'Eglise* rapportèrent une conversation que M. Riberolys, prêtre missionnaire de Saint-Joseph aurait tenue au Séminaire de Saint-Irénée, et dans laquelle il aurait comparé l'efficacité de la grâce à un accès de foiie. Elles racontèrent aussi une autre histoire sur le compte de M. Rollin, de la même congrégation. Ces Messieurs firent un éclat.

« M. Rollin répondit, le 20 juillet, sans toucher à aucun des griefs que M. Delpeuch avait articulés contre lui dans le second article, mais en invitant tous ceux qui suspectaient ses sentiments à les faire connaître à ses supérieurs légitimes.

« Quant à M. Riberolys, il donna au public, en quatre pages, une *justification*, datée du 1er juillet à Nevers où il se trouvait alors.

« Il accusait un directeur de Saint-Irénée d'avoir fourni des notes sur cette conversation et lui demandait réparation publique, en le traitant d'imposteur et de calomniateur. Il déclarait en outre n'avoir jamais cru que la grâce efficace nous rendît fous, mais, au contraire, avoir toujours reconnu, sous sa plus grande efficacité, un pouvoir de résister vrai, réel, physique et actif.

« Deux exemplaires de ce factum furent adressés, sous enveloppe, au séminaire Saint-Irénée. Sans en prendre connaissance, M. de Vaugimois, voyant de quoi il s'agissait, se contenta de renvoyer le paquet, en retournant l'enveloppe.

« Telle fut la cause de la conférence que Mgr de Neuville convoqua, le 9 août au soir, pour le lendemain, au palais de l'Archevêché.

« Auprès du prélat, se tenaient MM. de Lacroix, vicaire général, Terrasson, official, Michel et Navarre, promoteurs, et M. Perrichon ; puis MM. Picheret, Rollin et Cadier, Joséphites, d'un côté—et de l'autre, MM. de Vaugimois et de Fontenay, sulpiciens.

« Mgr l'Archevêque ouvrit la séance, en déclarant que ni les

Jésuites ni les Sulpiciens n'avaient aucune part aux œuvres de ténèbres dont il croyait connaître les auteurs ; mais que, depuis un an, il avait la douleur de se voir dans toutes les gazettes poursuivi en la personne des Joséphites, comme s'il avait changé de doctrine ; que tout cela, s'étant produit à la faveur de la mésintelligence qui séparait [les deux communautés, cesserait sans doute dès qu'elles vivraient en bonne harmonie.

« M. Picheret, qui parla d'abord, se plaignit en termes assez vagues des propos tenus par les directeurs du séminaire contre les Joséphites.

« MM. de Vaugimois et de Fontenay protestèrent que la charité était parfaitement observée dans leur maison ; cependant, M. de Fontenay reconnut que, quinze fois environ, dans le cours des trois dernières années, il avait cru devoir signaler à MM. les Vicaires généraux les erreurs dont M. Riberolys s'était rendu coupable en sa présence. Ces erreurs, il les réduisait à cinq points principaux : 1º la grâce fait en nous l'effet d'une folie, par exemple, en portant un homme de bon sens à se précipiter par la fenêtre, comme le feraient des insensés ; 2º la grâce ne laisse pas à l'homme un pouvoir suffisant : il n'y a point de grâce suffisante, distincte de l'efficace ; 3º dans la tentation, Dieu peut nous refuser le secours nécessaire et néanmoins le péché nous sera imputé très réel, formel et à damnation ; 4º la Constitution *Unigenitus* n'est ni unanimement ni suffisamment reçue : elle n'a donc aucune valeur ; 5º on n'a pas besoin d'être éclairé sur cette matière, parce qu'on ne peut être obligé de changer de sentiment.

« Après avoir énuméré ces griefs, M. de Fontenay, ne voulant pas s'en prendre à un absent, se contenta de discuter la *justification* écrite de M. Riberolys. Il montra qu'il faut définir la liberté : *facultas agendi, vel non agendi, positis omnibus ad agendum præreguisitis*, sans omettre cette condition essentielle que, pour être complet, ce pouvoir d'agir doit, outre les quatre qualités énumérées par les Joséphites, en avoir cinq autres également nécessaires, être prochain, parfait, complet, suffisant et relatif.

« Enfin, M. de Fontenay ajouta que dans leurs thèses, comme dans leur *justification*, MM. de Saint-Joseph s'abstenaient de condamner Jansénius, ce qui semblait mauvais signe ; que sans doute les missionnaires signaient le formulaire, mais en faisant précéder leur adhésion de quelque explication à laquelle ils se référaient dans la suite. MM. Rollin et Cadier avouèrent que telle avait été leur conduite. Seul M. Picheret protestait n'entendre rien à ces finesses, mais signer purement et simplement tout ce que l'Eglise voulait qu'on signât.

« On pressa encore M. Rollin de questions jusqu'à l'obliger à confesser les mêmes erreurs que M. de Fontenay avait reprochées à M. Riberolys.

« Le prélat voulut aussi interroger les Joséphites ; il leur demanda s'ils croyaient l'Eglise infaillible en matière de faits dogmatiques (textuels, doctrinaux ou personnels) et notamment dans la condamnation des propositions de Jansénius. A leur tour, MM. Terrasson et Michel abordèrent plusieurs questions délicates, par exemple, quelle est l'autorité du Pape dans la canonisation des saints, de quelle foi on doit croire à l'existence du concile de Trente, etc.

« Toutes ces discussions avaient parfaitement réussi à mettre dans leur vrai jour les sentiments de la communauté de Saint-Joseph. On pouvait espérer que le prélat, éclairé au-delà de ses désirs, se croirait obligé de blâmer sévèrement et de condamner des hérétiques. Il voulut temporiser encore. En levant la séance, il pria M. Rollin de vouloir bien y penser et donna ordre à MM. de Vaugimois et de Fontenay de garder le silence. Toutefois Mgr l'Archevêque embrassa M. de Fontenay, sans doute en signe de reconnaissance.

« A la suite de cette conférence, quand on leur en demandait des nouvelles, les prêtres de Saint-Sulpice répondirent qu'ils étaient contents et qu'ils croyaient avoir contenté leur Archevêque. A ceux qui le priaient de réfuter la *justification* de M. Riberolys, M. de Fontenay se bornait à dire que ce factum portait en lui-même sa propre condamnation.

« Enfin les directeurs du Séminaire crurent devoir adresser à leur supérieur général une relation de cette journée. Peu après ils en reçurent une réponse, de la main de M. Guyton, alors consulteur à Paris, homme droit et fort éclairé, qui avait demeuré longtemps au séminaire Saint-Irénée : « J'ai su ce qui s'est passé entre vous et MM. de Saint-Joseph : ils se sont fait connaître, malgré qu'ils en aient : il y a plus de quarante ans qu'on tolère leur révolte contre l'Eglise et leurs cabales scandaleuses. Dieu leur fasse miséricorde et à nous aussi ! » (du 2 septembre 1722).

« Or, continue le journal du Séminaire, en même temps que

cette séance avait lieu à l'Archevêché de Lyon, une scène d'un autre genre se passait à Versailles. Le vieux maréchal de Villeroy, père de notre Archevêque, gouverneur du jeune Louis XV, fut, le 12 août, chassé du palais royal par le régent duc d'Orléans et exilé dans la terre de Villeroy. On lui permit de reprendre ses fonctions de gouverneur de Lyon, où, malgré ses quatre-vingts ans, il déploya une pompe toute puérile. »

Accablé par le coup qui frappait son père, Mgr de Neuville ne fit contre les jansénistes aucun acte de vigueur. Mais bientôt parurent plusieurs brochures, au fond peu sérieuses, qui les attaquèrent vivement. Elles furent attribuées aux Capucins. De guerre lasse, les Joséphites se décidèrent à faire une profession de foi manuscrite qui fut trouvée insuffisante et suspecte par le P. Honoré de Sainte-Marie, habile Carme déchaussé, et par le P. André, dans son livre du *Spectateur discret*.

Puis, en 1724, ils acceptèrent la bulle avec quelques restrictions, et ils continuèrent, quelques années encore, d'exercer leur ministère, sans être inquiétés par l'Archevêque. Mais, le 2 octobre 1729, ils reçurent une lettre de cachet qui leur défendait d'enseigner la théologie ou la philosophie et de tenir des pensionnaires dans trois maisons qu'ils dirigeaient.

Un peu avant cette date, le 1ᵉʳ janvier 1728, un journal janséniste avait commencé à paraître, sous le nom de *Nouvelles ecclésiastiques*. Son correspondant de Lyon ne manque aucune occasion de lancer contre M. de Vaugimois les traits de sa haine. Tantôt il s'agit du prétendu supplice, plus dur que la mort même, infligé par le Supérieur à M. Faure, curé de Bouthéon-en-Forez, qui est exilé au Séminaire pour son jansénisme opiniâtre — supplice qui amena la chute, c'est-à-dire, la soumission à l'Eglise, du curé jusque-là récalcitrant. Tantôt on insinue que M. de Vaugimois cherche à se frayer un chemin à l'évêché de Mâcon, en se servant auprès du cardinal de Fleury d'une lettre compromettante écrite par des Joséphites ; et ailleurs on reconnaît que le dénonciateur n'est autre que Mgr de Sinope, évêque auxiliaire de Lyon. C'est à propos d'une plaisanterie, nous dirions mieux, d'une farce de mauvais goût. Trois jeunes clercs de la communauté des Joséphites, étant entrés dans un cabaret de village, s'avisèrent de se donner pour des cardinaux qui venaient d'un conclave, où le cardinal de Fleury avait été élevé, disaient-ils, au souverain Pontificat, sous le nom d'Innocent XIV. Cette prouesse accomplie, ils n'eurent pas honte de la conter dans une lettre qui finit par être mise sous les yeux du Cardinal-ministre.

Or, c'était le moment où M. Rollin, avec un de ses confrères, était en instances à Versailles pour obtenir la révocation des lettres de cachet. En vain les deux députés voulurent-ils voir tous les archevêques et évêques présents à Paris, les principaux docteurs anti-jansénistes, MM. Gaillande et Romigni, ainsi que les directeurs du séminaire de Saint-Sulpice avec leur supérieur général, M. Le Peletier, abbé de Saint-Aubin. Ils ne trouvèrent partout que des protecteurs sans crédit, des amis timides ou impuissants, des ennemis déclarés ou couverts. La seule personne qui parût leur être sincèrement favorable fut le valet de chambre du cardinal de Fleury. Touché de les voir si souvent dans les antichambres, il aurait souhaité, leur disait-il, « que leur affaire eût été de sa compétence. »

Lorsque M. Rollin revint à Lyon, Mgr de Neuville avait cessé de vivre. Or, disent les *Nouvelles*, « la mort de Mgr l'archevêque, arrivée le 6 février (1731), a été un coup de foudre pour les Joséphites, qu'on sait n'avoir abandonné la vérité (le jansénisme) que pour conserver leurs pouvoirs. Les grands-vicaires, qui sont quatre comtes de Saint-Jean, M. de Sinope et M. Terrasson, leur en ont refusé la continuation. Ces missionnaires fournissent une preuve bien remarquable que, dans les affaires de la Religion, la politique humaine échoue toujours. J.-C. ne nous a pas appris la politique et le mensonge, mais la droiture et la sincérité : *est, est, non, non.* »

Ces réflexions du gazetier janséniste disent assez combien cette hérésie fut hypocrite ; mais nous n'en finirions pas si nous devions montrer par les faits jusqu'à quel point elle fut tenace et opiniâtre dans la maison de Saint-Joseph. Les communautés changent moins facilement de sentiment et ont la vie plus longue que les individus. En vain, durant près de trente ans (1731-1758), depuis la mort de Mgr François-Paul de Neuville jusqu'à l'avènement de Mgr de Montazet, deux archevêques employèrent toutes les ressources de leur autorité pour changer l'esprit de cette congrégation. Ils n'obtinrent que des simulacres de soumission, jamais une conversion sincère. Nous le verrons plus clairement encore quand les prêtres de Saint-Joseph seront libres de manifester leurs véritables sentiments.

CHAPITRE III

La piété au Séminaire Saint-Irénée : Indulgences. — Jubilés.
— Culte des saints. — Translation solennelle d'une relique de saint Irénée donnée au Séminaire par le Chapitre
de Saint-Jean (1735).

DE tous les moyens que M. de Vaugimois pouvait
mettre en œuvre pour inspirer aux séminaristes
une sainte horreur du jansénisme, le plus efficace,
sans contredit, consistait à leur faire goûter
toutes les pratiques pieuses de la vie chrétienne et sacerdotale.
Plus les dévotions, que l'Eglise autorise, déplaisaient aux
esprits forts de la secte, plus il importait de les rendre chères
au clergé, en dépit du sarcasme et de la calomnie.

Pour mettre sa Communauté sous la protection spéciale de la
T. S. Vierge, M. de Vaugimois eut à cœur de voir tous les
élèves revêtus du scapulaire. A cet effet, au mois d'août 1721,
il demanda au P. Pizzolanti, Ministre-Général des Carmes, les
pouvoirs nécessaires et les faveurs habituelles. Il les reçut, un
an après, avec une lettre très flatteuse, pleine des meilleurs
souhaits : « ... *Nihil mirum, si ibi tot virtutum flores ac scientia-
rum omnium in dies appareant ; cùm semper devotionis fructus
pietatisque accrescant ; seminarium verè dicam sapientiæ, utpotè
devotionis lacte proprios alumnos erudiendo, in Deiparæ virginis obsequio, tanquàm in æternæ sapientiæ templo, eos manci-
pare conetur.* »

Vers le même temps (3 octobre 1721), le pieux supérieur pria
Mgr de Villeroy de vouloir bien renouveler l'approbation donnée par ses prédécesseurs aux offices propres de Saint-Sulpice.
Non-seulement le prélat permit de célébrer au séminaire Saint-
Irénée les fêtes du Sacerdoce et de la Vie Intérieure de N. S.,
ainsi que celle de la Vie Intérieure de la T. S. Vierge; il autorisa
encore à exposer le Saint-Sacrement, ces jours-là, durant la messe
et les vêpres. Même faveur fut accordée pour la journée entière
du 2 février, fête de la Purification de la Sainte-Vierge, où se faisait alors le renouvellement des promesses cléricales.

En vertu de la même ordonnance, M. de Vaugimois eut la
consolation de pouvoir, pendant les retraites de MM. les curés,
donner chaque soir la bénédiction avec le saint Ciboire, et le
dimanche, au milieu des exercices spirituels, un salut très solennel du Saint-Sacrement. Attentif à ne perdre aucune occasion favorable, il suggéra une fois aux prêtres retraitants la pensée de
gagner au Séminaire l'indulgence d'un jubilé qui était publié
pour un temps fort court. Le succès ayant dépassé toute espérance, il voulut leur assurer le même bienfait à perpétuité. A sa
demande, Benoît XIII daigna accorder, aux conditions ordinaires, une indulgence plénière pour tous les prêtres et pour
tous les ordinands qui suivraient au Séminaire les exercices de
la retraite durant cinq jours entiers et consécutifs. Le clergé
attachait le plus haut prix à cette faveur : pour l'obtenir, on dut
invoquer un précédent analogue et employer l'influence de l'ambassadeur de France, le cardinal de Polignac. Le Souverain
Pontife fit, en effet, quelques difficultés, parce qu'il aurait voulu
prolonger les exercices, comme le Saint-Siège le désire encore
aujourd'hui.

De leur côté, les prêtres lyonnais répondaient avec empressement au zèle de M. de Vaugimois. L'un d'eux, archiprêtre
d'Ambérieux, fondait, pour les dimanches qui précèdent les
ordinations, des prières solennelles, à l'effet d'attirer les grâces
de Dieu sur ses nouveaux ministres ; d'autres, vicaires-généraux
et chanoines, fondaient aussi des bourses de séminaires et des
places gratuites de retraite.

A plus forte raison les séminaristes étaient-ils appelés à profiter de la grâce des jubilés. On avait soin de les y préparer par
plusieurs conférences dogmatiques et entretiens spirituels. Aussi
paraissaient-ils profondément recueillis, quand ils se rendaient
aux églises stationnales : on les voyait, dans les rues les plus

fréquentées, marchant deux à deux, en manteau long, les yeux modestement baissés, et récitant à voix basse les prières indiquées.

Tels furent les jubilés de 1722, 1724 et 1726, qui ont mérité une mention spéciale dans les annales de la maison. Toutefois, le Séminaire prit une part encore plus considérable à celui dont l'Eglise de Lyon jouit en 1734, grâce à l'occurrence de la Fête-Dieu et de la Nativité de saint Jean-Baptiste. Ce jubilé fut précédé d'une mission. Annoncée, le 15 mai, par un mandement, elle commença huit jours après, 3ᵉ dimanche après Pâques. Les PP. Jésuites se chargèrent de la donner. Ils prêchaient chaque jour, dans six églises de la ville, notamment à Sainte-Croix, à Saint-Paul, à Saint-Nizier et à Saint-Pierre-les-Nonains, le matin, à 4 heures et demie et à 10 heures, le soir, à 2 heures et à 5 heures. De tous leurs missionnaires les plus remarquables étaient le P. Segaud, venu de Paris, et le P. de Colonia, bien connu à Lyon. Celui-ci avait composé un opuscule historique, pour établir par un usage immémorial la légitimité du privilège de la Primatiale. M. de Vaugimois fut chargé de composer le catéchisme du Jubilé avec un choix de prières convenables. Ce livret fut imprimé à la suite du mandement qui portait publication du jubilé. Cependant, les Joséphites, les Trinitaires les Feuillants et les Jacobins, un seul excepté, n'ayant pas reçu de pouvoirs, il ne se trouva pas à Lyon assez de prêtres approuvés pour entendre les confessions, malgré le concours d'un grand nombre d'ouvriers étrangers. Aussi, dans la dernière semaine de la Mission, les directeurs du Séminaire se crurent-ils obligés de recevoir dans la maison plusieurs laïques qui désiraient y faire une retraite et d'entendre une foule considérable de paysans au tribunal de la Pénitence.

Ainsi préparé, le jubilé s'ouvrit le mercredi 23 juin, à midi, après la messe de la vigile de Saint Jean. Il se continua les trois jours suivants, durant lesquels l'église primatiale fut visitée non seulement par tous les habitants de la ville et de la campagne voisine, mais par plus de trente mille étrangers qui séjournèrent à Lyon. Enfin, le samedi 26, à l'issue de la grand'messe, on fit, pour la clôture du jubilé, un salut très-solennel du Saint Sacrement et, à la fin du *Pange, lingua*, les officiants montèrent au jubé pour donner la bénédiction.

Au milieu de ces pieuses solennités, le Chapitre s'était fait un devoir d'offrir aux étrangers le plus beau spectacle qu'on sût alors imaginer.

Le 24, jour de la Fête-Dieu, à 9 heures du soir, la grosse cloche sonna et bientôt le chevet de la Primatiale parut tout illuminé par des lanternes de couleur ; puis, en face, sur la Saône, on se mit à tirer un feu de joie dont la décoration était fort belle ; malheureusement l'artifice était peu de chose : il brûla tout entier. Ensuite, ce fut le tour d'une pyramide, char-gée de brillantes fusées, qu'on avait établie sur le Pont-de-Pierre. Avec la permission de Mgr l'Archevêque, on conduisit les séminaristes sur le rempart des Chartreux, dans un clos admirablement situé pour jouir de cette fête.

Enfin, le dimanche suivant, après les vêpres, on fit la proces-sion du Saint-Sacrement, qui n'avait pas eu lieu jeudi. Voici quel fut l'ordre de la marche : en tête, les diverses congrégations ou confréries, — les élèves des P P. Jésuites (tous, même ceux qui étaient abbés, y portaient leurs robes de pensionnaires) ; — puis, sous la croix du Séminaire Saint-Irénée, les P P. Jésuites et les ecclésiastiques de Saint-Charles et de Saint-Irénée, au nombre de deux cent cinquante environ ; — la croix de Mgr l'Arche-vêque, — le prélat, en camail et rochet, accompagné de quatre grands vicaires et de ses aumôniers ; — puis, les thuriféraires et les céroféraires, précédant immédiatement le dais, sous le-quel marchait M. le comte de Chevriers, portant le Saint-Sacre-ment, entre les supérieurs des deux Séminaires ; — et enfin la congrégation des Messieurs.

Suivant l'usage lyonnais, il n'y eut qu'une station, au repo-soir élevé sur la place Louis-le-Grand, à droite de la statue équestre. Le P. Pérusseau y parla un quart-d'heure, sur ce texte : *Vidi cum ingenti gaudio populum qui circumstat.*

Cette belle cérémonie fut longue et fatigante : on ne rentra pas au séminaire avant neuf heures. Durant le souper, les élèves n'eurent à faire ni lecture, ni service de table ; on leur donna même la permission de parler, « parce que ce jubilé de Saint Jean n'est pas fréquent et qu'une fois n'emporte pas coutume. »

Par les mêmes motifs de foi et de religion, M. de Vaugimois se montra toujours heureux d'associer les élèves du sanctuaire aux fêtes célébrées par différentes communautés de Lyon en l'hon-neur des membres de leur ordre que le Saint-Siège mit alors sur les autels. Qu'on fît une octave, ou seulement un triduum de solennités, en distribuant ce temps entre les Chapitres et les couvents de la ville, on avait soin de réserver une journée en-tière pour le Séminaire, qui acceptait cette faveur avec un pieux

empressement. C'est ainsi que les ordinands de Saint-Irénée cé-
lébrèrent, au monastère des Carmélites, le 4 mai 1727, l'octave
de la canonisation du Bienheureux Jean-de-la-Croix. L'année
suivante, à pareille époque, ils furent invités au grand collège des Jésuites, en l'honneur des SS. Louis de Gonzague
et Stanislas Kostka ; en 1729, le 10 février, chez les Cordeliers
de Saint-Bonaventure, pour la fête des SS. Jacques de la Marche
et François Solano; et, le 15 février 1730, chez les grands
Capucins, pour la béatification du Vénérable Félix de Sigma-
ringue. Mais ce fut avec une joie toute particulière que, la même
année (1730), dans la 4ᵉ semaine après Pâques, les prêtres de
Saint-Sulpice fêtèrent la canonisation du Bienheureux Vincent
de Paul. Comme les MM. de Saint-Lazare n'avaient point
d'église commode, la solennité se fit à Saint-Laurent près Saint-
Paul. Mgr de Sinope officia, le supérieur du Séminaire remplit
les fonctions de diacre et un directeur celles de sous-diacre ;
« on fut heureux d'y voir porter pour la première fois un bel or-
« nement blanc qui venait d'être acheté par la sacristie de Saint-
« Irénée. »

Telle était, aux yeux de M. de Vaugimois, l'importance de ces
manifestations, que deux fois, afin de les rendre plus solennelles,
il y convia MM. les curés qui se trouvaient alors au Séminaire
en pleine retraite pastorale. Loin de troubler le recueillement
des exercices spirituels, ces belles fêtes étaient, pour le clergé,
comme pour les fidèles, un sujet de profonde édification, d'autant plus que, malgré la longueur des processions et des offices,
on avait soin de n'accepter ni collation, ni rafraîchissement
quelconque, hors du Séminaire.

Les fêtes que célébra le Séminaire, en 1735, à l'occasion de
la translation d'une relique de saint Irénée, que lui donnèrent
MM. les Comtes de Saint-Jean, furent plus magnifiques encore.
Qu'on nous permette de reproduire, en l'abrégeant un peu, le
récit de cette pieuse solennité.

Jusqu'alors le Séminaire ne possédait aucune relique de son
saint patron. C'est que le chef de saint Irénée ayant seul
échappé à la fureur sacrilège et aux profanations des calvi-
nistes, le chapitre de Saint-Jean conservait cette précieuse
relique avec un soin jaloux. Il la considérait à juste titre comme
la plus belle pièce de son riche trésor. Une fois seulement, il
avait consenti à en détacher un fragment en faveur du prieuré
de Saint-Irénée-sur-la-Montagne. Mais c'était un précédent qui

autorisait M. de Vaugimois à solliciter la même grâce. A cette fin, le supérieur du Séminaire fit plusieurs visites à M. de Suze, doyen de Saint-Jean, qui, tout en paraissant très disposé à satisfaire ce pieux désir, exprima la crainte que cette affaire ne rencontrât quelque opposition, si elle était présentée au chapitre général, qui se tenait alors. Mieux valait, pensait-il, attendre que le nombre des capitulants fût moins considérable, parce que les petites assemblées sont plus aisées à diriger. Comme ils s'entretenaient de la sorte, survint M. le comte de Saron, chamarier, qui fut d'un avis tout contraire. Il persuada même à M. de Vaugimois de commencer aussitôt les premières démarches, en allant voir chacun de MM. les Comtes pour les intéresser tous à sa requête, et il lui donna mille assurances que la chose se ferait sans peine et se conclurait probablement dès le lendemain.

Le Supérieur suivit ce conseil et, après avoir fait visite à tous les chanoines, il adressa, le jour même, au chapitre, une requête que tous les directeurs signèrent avec lui.

« Le lendemain, 13 juillet, seize de MM. les Comtes étant entrés au chapitre, lecture faite de la requête… Sur quoi mûrement délibéré, lesdits seigneurs capitulants, pour donner des marques de la particulière affection qu'ils ont toujours eue pour le Séminaire de ce diocèse, établi en cette ville sous le vocable de saint Irénée, voulant imiter le zèle charitable de leurs prédécesseurs et désirant favoriser les pieuses intentions desdits sieurs supérieur et directeurs dudit Séminaire, ont résolu et arrêté de donner et remettre libéralement à l'église dudit Séminaire de Saint-Irénée une portion de son chef, qui est au trésor de l'église. »

En conséquence, MM. les Comtes se firent apporter le reliquaire avec beaucoup de cérémonies, et, après l'avoir ouvert, ils prirent un fragment considérable, déjà séparé du chef, et le déposèrent dans une boîte en vermeil, pour le donner ensuite au Séminaire.

Cependant, Mgr l'Archevêque, informé de l'ouverture du reliquaire, représenta avec raison que l'Ordinaire seul a le droit de lever une relique pour l'authentiquer, avant qu'elle puisse être exposée à la vénération des fidèles. De leur côté, les chanoines, prétendant que personne n'avait rien à voir dans le trésor et ne voulant souffrir aucune atteinte à leurs privilèges, firent replacer le fragment détaché dans le grand reliquaire, garni de pierres précieuses, où était enchâssé le chef du saint martyr. Cet incident pensa faire évanouir toutes les espérances de M. de Vaugimois. Toutefois, la première émotion passée, on trouva un heureux expédient pour terminer l'affaire, en respectant tous les droits. Ce fut que MM. les Comtes porteraient eux-mêmes la relique à Mgr l'Archevêque, pour la faire authentiquer, mais qu'ils la rapporteraient eux-mêmes au trésor, se réservant de la donner au Séminaire de leurs propres mains, en telle manière qu'il leur plairait. Mgr l'Archevêque eut l'extrême bonté de souscrire à cet arrangement.

Restait encore à régler le cérémonial pour la remise et la translation de la relique. Le 2 août, M. de Vaugimois fut mandé au chapitre, pour faire connaître ses intentions à cet égard. Il répondit qu'il venait au contraire pour recevoir les ordres de MM. les Comtes, et ceux-ci ayant exprimé le désir que la relique fût portée processionnellement pour l'édification du peuple, il accepta avec empressement. Le 10 août, fête de saint Laurent, sur la proposition du sous-maître Pailleu, les chanoines décidèrent que, le 14 du même mois, le Séminaire viendrait à la Primatiale, après la grand'messe, qu'avant de monter au chapitre on chanterait un répons de saint Jean et qu'en descendant on en chanterait un autre de saint Irénée ; que la seconde cloche serait sonnée et que plusieurs de MM. les Comtes iraient, au nom de leurs confrères, accompagner la procession jusqu'à la porte principale de l'église.

Le samedi 13, MM. de Dortan et de Montmorillon, avec quelques autres chanoines, se rendirent à l'Archevêché. Ils étaient accompagnés de M. de Billy, leur secrétaire, et de M. le trésorier, qui portait les reliques. Après avoir salué le prélat, ils lui montrèrent le fragment destiné au Séminaire ; Sa Grandeur le baisa avec beaucoup de respect. Ensuite on fit lecture de l'authentique signée par M. de Lévy, précenteur, et scellée du sceau du chapitre ; le secrétaire de l'Archevêché dressa immédiatement un procès-verbal qui fut signé de la main de Mgr et scellé du sceau de ses armes. Ces deux actes furent mis entre deux taffetas au-dessus du reliquaire où l'on déposa le précieux fragment ; et le reliquaire lui-même, scellé et cacheté des armes de Mgr l'archevêque, fut reporté au trésor par MM. les Comtes.

En même temps que le prélat reconnaissait la relique, il en autorisait la translation solennelle, en prescrivant que, le jour même de la translation, ainsi que les deux jours suivants, et à perpétuité le dimanche avant l'Assomption, le Séminaire fît l'office solennel de saint Irénée avec exposition de la relique et bénédiction du Saint-Sacrement.

Tout étant disposé du côté du chapitre, on fit au Séminaire les préparatifs convenables. Par les soins du maître de cérémonies, la chapelle fut tapissée dans toute sa hauteur, depuis le fond du sanctuaire jusqu'à la porte, et même la façade extérieure. Pour augmenter la pompe de cette fête, plusieurs communautés amies prêtèrent leurs plus beaux ornements qui permirent de déployer une magnificence vraiment royale. Sur l'autel étaient six grands chandeliers d'argent et six autres moindres de même métal. Deux beaux candélabres dans le chœur et un troisième semblable dans la nef étaient chargés d'une multitude de bougies. La croix de procession et les chandeliers des acolytes étaient de vermeil. Enfin, le brançard destiné à recevoir le reliquaire fut richement paré aux frais du Séminaire et par les soins de M. de la Barre, trésorier de Saint-Jean.

Pour l'office, on eut la précaution de noter les répons qui devaient être chantés, de multiplier les exemplaires de l'hymne de saint Irénée et de faire imprimer les oraisons propres de la messe *Effuderunt*.

Selon les intentions du chapitre, on mit des affiches par les rues, pour annoncer la fête (1).

Enfin, le dimanche, 14, après avoir assisté et communié à une messe solennelle, la Communauté partit pour Saint-Jean à 9 heures et demie. En y entrant, on entonna le ℟ *Inter natos mulierum*. MM. les Comtes attendaient au chapitre avec tout le clergé de Saint-Jean ; le Séminaire y fut introduit. Bientôt M. le trésorier, en chape et en mitre, précédé des acolytes, apporta la précieuse relique et la présenta à M. le

____

(1) En voici le texte : « Vous êtes avertis que MM. du chapitre de l'Eglise Comtes de Lyon, ayant bien voulu accorder au Séminaire Saint-Irénée un fragment du chef de cet illustre martyr et second évêque de Lyon, patron de ce diocèse et dudit Séminaire, la translation en sera faite le quatorzième du présent mois d'août mil sept cent trente-cinq, au matin, par une procession où la relique sera portée, du trésor de l'église Primatiale dans l'église du Séminaire Saint-Irénée, pour y être déposée. Les prières de 40 heures y seront les 14, 15 et 16 du même mois avec sermon. Indulgence de 40 jours accordée par Mgr l'Archevêque à ceux et celles qui, contrits, confessés et communiés, visiteront ladite église. Exposition de la relique à la vénération des fidèles et bénédiction sur les 6 heures du soir. »

Comte de Montmorillon, premier-prêtre de l'assemblée (1). Celui-ci, comme pour la livrer au supérieur du Séminaire, la lui offrit à baiser.

Alors M. de Vaugimois, pressé de témoigner sa reconnaissance au chapitre, le complimenta en ces termes : « S'il est digne, Messieurs, de la noblesse de votre illustre corps de répandre avec profusion les grâces et les faveurs, il est glorieux au Séminaire Saint-Irénée d'éprouver les effets de votre munificence par le bienfait signalé que vous daignez lui accorder aujourd'hui, etc. »

M. de Dortan répondit : « C'est avec joie que le chapitre donne au Séminaire une marque particulière de son affection. Cette précieuse relique ne peut être mise en meilleures mains que les vôtres. Elle vous sera toujours un gage certain de notre estime pour une maison qui rend au diocèse les plus grands services, et qui nous édifie par la sagesse de son chef, non moins que par la piété solide et la saine doctrine de tous ses membres, etc. »

Les compliments terminés, la procession descendit du chapitre et, avec la permission des chanoines, elle passa par le chœur pour éviter la foule qui était considérable. La croix monta donc à la chapelle de N.-D. de Haut-Don et l'on fit dans le chœur une première station en chantant le ℟ *Pretiosa in conspectu*, avec le ℣ *Custodit Dominus omnia ossa eorum*. Puis le chantre entonna le ℟ de Saint Irénée, *Considera, Israël,* et la croix s'avança vers la grande porte, où M. de Vaugimois salua quatre de MM. les Comtes qui l'avaient accompagné jusque-là, au nom de leurs confrères.

Au moment de la sortie, la seconde cloche commença de sonner ses meilleurs carillons (2), et le clergé se mit à chanter le *Te Deum*, au ton du romain. Une multitude infinie de peuple suivait le Séminaire. La sainte relique était portée sur le brancard par quatre diacres revêtus de très riches dalmatiques, que le chapitre de Saint-Nizier avait prêtées. Auprès d'eux mar-

---

(1) M. de Montmorillon n'était que sacristain ; en l'absence de M. de Suze, doyen, et de M. de Lévy, précenteur, c'est à M. de Dortan, chantre, que revenait l'honneur de présider cette cérémonie ; mais, comme M. de Dortan n'était alors que sous-diacre, il dut laisser à M. de Montmorillon la charge de recevoir et de livrer la relique.

(2) Le carillon dura trois quarts d'heure, et M. de Vaugimois donna 6 l. aux sonneurs.

chaient plusieurs sous-diacres en tuniques qui portaient des flambeaux.

De la rue Saint-Jean, la procession se dirigea vers l'église de Saint-Pierre-les-Nonains, où elle devait faire une seconde station. M. le Curé, en étole et en chape, vint, avec son clergé, recevoir le Séminaire et présenter l'eau bénite. Il avait fait préparer un trône pour la sainte relique et illuminer toute son église. La Communauté entra au son des cloches et des boîtes, s'avança jusqu'au sanctuaire et chanta encore le ℞ *Considera*, avec l'antienne *Mortuus est pater* et l'oraison *Auge in nobis*.

La sortie de l'église parut belle comme un triomphe. Ce fut au son retentissant des trompettes et au milieu des acclamations d'un grand peuple que la procession se remit en marche, en chantant le ℞ *Pretiosa* et le psaume *Laudate Dominum de cœlis*. De la place des Terreaux, en passant par-devant les Joséphites et les Feuillants, qui sonnèrent leurs cloches, la procession arriva directement au Séminaire, où elle fut saluée par des timbaliers postés sur la terrasse. Elle entra dans la chapelle en chantant l'hymne *Pothino nomen*, et aussitôt un prêtre commença une messe d'action de grâces.

Cependant l'église du Séminaire était assiégée par une affluence incroyable de personnes qui voulaient vénérer la sainte relique. Un directeur en chape commença de la faire baiser; mais plusieurs de ses confrères durent successivement le remplacer, sans pouvoir satisfaire la dévotion de tous les fidèles. Ce flux et reflux de la foule dura tout le jour et les deux jours suivants jusqu'après huit heures du soir. En outre, pendant le même temps, quatre diacres en surplis et en étole, récitaient continuellement des évangiles sur le peuple.

L'office du dimanche soir commença à deux heures trois quarts par les premières vêpres de l'Assomption, à l'issue desquelles M. Laurent-Josse Le Clerc, directeur du Séminaire, prêcha un sermon sur la vénération des saintes reliques. Enfin, à six heures et demie, cette longue cérémonie se termina par la bénédiction du T.-S. Sacrement, que donna M. le comte de Vilars.

Les Philosophes, qui n'avaient pris jusque là qu'une part secondaire à la fête, voulurent la couronner par des feux d'artifice de leur composition. Ils avaient, en effet, fabriqué plusieurs pièces savantes, et entre les artifices ils tirèrent encore grand nombre de belles fusées. Pour leur permettre de montrer toutes

leurs merveilles, on prolongea la récréation jusqu'à dix heures.
Ils obtinrent les applaudissements unanimes d'un public nombreux, massé sur le promenoir de Saint-Clair, devant le mur de
clôture du Séminaire. Ainsi se termina la première journée.

Le lendemain, fête de l'Assomption, le Saint-Sacrement fut
exposé à 6 heures du matin ; le peuple attendait à la porte de
l'église, depuis quatre heures et demie. M. de Vaugimois chanta
la grand'messe à neuf officiants, avec entrée solennelle. Les
vêpres commencèrent à 2 heures 3/4. A *Magnificat*, on en-
censa le maître-autel, celui de la Sainte Vierge et la relique.
Après le chant des litanies de Lorette et de l'*Exaudiat*,
M. Gayot de la Rajasse, bachelier de Sorbonne, prêcha sur la
fête. A 6 heures 1/2, Mgr de Cydon, suffragant de Lyon, donna
le Salut pendant lequel on chanta le ℟ de saint-Irénée *Filii
sanctorum.*

Enfin, le dernier jour du triduum, depuis cinq heures jusqu'à
midi, les messes se succédèrent au Séminaire sans interruption ;
tour à tour prêtres, séculiers et religieux de divers ordres, capucins, carmes, feuillants, etc., montaient au saint autel. Sur
les dix heures, M. le curé de Saint-Pierre, qui devait officier ce
jour-là, vint en procession avec son clergé et fut reçu par M. de
Vaugimois avec les honneurs ordinaires. Après les vêpres, le
sermon fut donné par un Père Jésuite. Puis Mgr l'archevêque
de Lyon arriva pour assister à la bénédiction, durant laquelle
on tira encore beaucoup de boîtes.

Comme le prélat avait ordonné de solenniser désormais l'an-
niversaire de cette translation, le dimanche avant l'Assomption,
M. de Vaugimois dut composer et faire imprimer un office spécial qui fut approuvé par Mgr de Rochebonne et plus tard par
le cardinal de Tencin. La quatrième leçon des Matines est une
relation succincte des fêtes que nous venons de raconter (1).

(1) La voici : « Sancti Irenœi Pontificis et Martyris corpus olim in cryptâ
Basilicæ Sancti-Joannis sub altari conditum fuisse et ab uno quidem la-
tere Epipodium, ab alio verò Alexandrum martyres tumulatos esse testatur
Gregorius Turonensis, qui, ex eorumdem sepulcro desumpto pulvere, refert
infirmos sanitatem consecutos esse. Cùm autem Calvinianorum furor no-
vissimis temporibus in sacras Reliquias desæviret, beati Irenæi corpus, è
cryptâ eductum, in profluentem ab ipsis conjectum est. Sacrum autem ejus
caput, eorum impietati subductum, hucusque in ecclesià primatiali serva-
tum fuit. Hujus verò portio non modica, ex munificentiâ nobilium Canoni-
corum-Comitum Lugduni, tradita est presbyteris Sancti-Sulpitii Parisiensis
in seminario Lugdunensi Sancti-Irenæi dicto præfectis, qui eam ab Ar-

Moins officiel sans doute, mais non moins authentique est le récit que nous trouvons dans une lettre adressée, le 20 août (1735), par M. Guichard, économe du Séminaire, à M. de la Coste, prêtre, administrateur du prieuré de Chandieu. « Si vous étiez venu passer ici les fêtes de l'Assomption, comme vous me l'aviez promis, vous auriez été témoin d'une solennité qui n'a jamais eu sa pareille au Séminaire. MM. les Comtes de Lyon, avec toute la libéralité et la politesse possibles, nous ont fait présent d'une relique de saint Irénée qu'une procession magnifique a portée de la cathédrale au Séminaire. Vous eussiez admiré le concours universel de tout Lyon, les honneurs extraordinaires rendus à la sainte relique dans tout le parcours ; les fanfares, timbales, trompettes, tambours, l'artillerie, les boîtes, les fusées, et que sais-je encore ?, tout était de la fête ; notre église, tendue de la voûte au parquet, richement ornée, a reçu une foule innombrable pendant les trois jours de 40 heures... Vous avez perdu tout cela par votre faute ; si vous voulez la réparer, venez, mais non les mains vides ; car notre Saint, dont je suis le procureur et économe, me fait entendre qu'il veut une belle offrande de votre part..... »

Pour clore saintement toutes ces fêtes, M. de Vaugimois adressa une petite allocution aux Séminaristes. Il la termina par une belle et pieuse prière, que nous sommes heureux de redire avec lui : « Conservez, Seigneur, dans notre France, l'esprit qui animait les martyrs lyonnais, afin que, si elle se glorifie des triomphes de ses enfants, elle ne rougisse point d'imiter leur patience et de confesser la même foi, au milieu même des plus grandes persécutions du monde, encouragée par le beau mot d'un saint évêque, leur panégyriste : *Si mundus pacem haberet, gloriam martyres non haberent* (saint Eucher). Mais surtout, Seigneur, ranimez dans votre clergé le zèle dont brûlait saint Irénée et dont l'Eglise de Lyon lui rendait un si beau té-

chi præsule Lugdunensi Carolo-Francisco de Rupebonâ, recognitam et sigillatam, necnon in Comitiis Capituli è thesauro acceptam, solemni pompâ, post stationem in choro ecclesiæ Lugdunensis factam, in ecclesiam suam ad ripam Rhodani transtulerunt, Dominicâ præcedente festum Assumptionis Beatæ Mariæ Virginis, die decimâ-quartâ Augusti, anni millesimi septingentesimi trigesimi quinti, ubi per triduum solemnitas habita est. Hujus autem translationis memoria, eâdem Dominicâ recurrente, quotanis de mandato recolitur et sacrum pignus fidelium venerationi exhibetur. »

moignage, écrivant au saint pape Eleuthère : *Obsecramus ut il-
lum, utpotè studio incredibili in testamentum Christi flagrantem
benevolentià complectaris.* Donnez des anges à votre peuple et
des docteurs à votre Eglise, afin qu'elle fleurisse comme dans ses
plus beaux jours et qu'elle porte sans cesse des fruits mûrs pour
l'éternité. Que le sang de tant de milliers de martyrs, dignes hé-
ritiers de la foi de saint Irénée, soit la semence d'une infinité de
chrétiens, à qui l'espérance des biens à venir fasse mépriser les
biens présents et la vie même. »

CHAPITRE IV

M. de Vaugimois ne crut pas avoir assez fait pour les
jeunes ecclésiastiques confiés à ses soins, en les
affermissant dans la piété. Il avait compris que la
science, nécessaire au prêtre à toutes les époques,
devait être plus solide et plus profonde dans un siècle, où les
perfidies du Jansénisme et l'esprit railleur et sceptique de la
philosophie livraient à la Religion de si formidables assauts.

Il résolut donc de prendre des mesures efficaces, pour relever
et fortifier les études du Séminaire.

Avant d'admettre en philosophie les jeunes aspirants à l'état
ecclésiastique, M. de Vaugimois les soumettait à un examen
sérieux. On exigeait que tous fussent familiarisés avec les bons
auteurs latins, capables de les traduire avec aisance et habitués à
bien observer les règles de l'accentuation.

Ceux qui ne pouvaient satisfaire à ces conditions étaient
ajournés impitoyablement malgré les meilleurs témoignages de
leurs curés.

Dans le cours du Séminaire, les examens devinrent plus nombreux : en Philosophie, comme nous l'avons dit, à la fin de
chaque traité ; en Théologie, au commencement de l'année,
à la fin de chaque semestre et avant les ordinations. Autant que
possible, le zélé supérieur se faisait un devoir d'assister à toutes
les épreuves orales et de prendre sur tous les élèves des notes
détaillées dans un registre que nous possédons encore.

Il était d'ailleurs admirablement secondé par ses confrères. Nous citerons parmi eux M. Laurent-Josse Le Clerc, ce prêtre si remarquable par son amour des études théologiques, par la variété de ses connaissances, par la multitude des travaux d'érudition qu'il a publiés et enfin par l'étendue de sa correspondance littéraire, comme il est aisé de s'en convaincre en lisant cette belle monographie que M. L. Bertrand, prêtre de Saint-Sulpice, du diocèse de Lyon, vient de lui consacrer (1). Sans doute, durant les quatorze ans qu'il vécut au Séminaire Saint-Irénée (1722-1736), M. Le Clerc ne paraît pas avoir exercé habituellement d'autre fonction que celle de premier Directeur ; mais on conçoit aisément quel éclat sa présence pouvait répandre sur la maison, quelle heureuse influence ses exemples et ses conseils devaient exercer sur les Séminaristes et sur les prêtres du diocèse. Il n'était pas arrivé depuis trois ans, que déjà, nous dit le visiteur du Séminaire, en 1725, il était « estimé pour sa science et sa manière de parler. » Il était aussi très consulté : non-seulement le clergé lyonnais aimait à lui proposer ses difficultés théologiques, comme nous le montre une lettre de M. Bruyas, prêtre de Saint-Pierre à Saint-Chamond (12 mai 1727), sur la question délicate des *incommunicants* (2) ; mais plusieurs curés recouraient à son intermédiaire pour se procurer des ouvrages sérieux, et ses confrères d'Autun et de Clermont lui demandaient habituellement le même service. Par

(1) Nous avons déjà cité cet ouvrage : *Vie, écrits et correspondance littéraire de Laurent-Josse Le Clerc, in-8 XII 352.* Paris, 1878.

Né à Paris, le 22 août 1677, il entra au Petit Séminaire de Saint-Sulpice, le 2 juin 1696. Admis dans la Compagnie par M. Leschassier, il fut envoyé successivement aux Séminaires de Tulle (1704) et d'Orléans (1707). Il vint à Lyon, aux vacances de 1722. Arrivé le 29 octobre, il n'eut pas, quoi qu'en disent les *Nouvelles ecclésiastiques*, l'honneur de figurer comme acteur dans la conférence entre les Joséphites et les Sulpiciens, qui avait eu lieu le 10 août et qui est connue sous le nom de *Journée de Saint-Laurent* (v. plus haut). Il mourut le 6 ou 7 mai 1736.

(2) On appelait alors *incommunicants* les écrivains trop sévères qui voulaient traiter les jansénistes notoires (*notorietate facti*) tout comme des excommuniés dénoncés. Deux capucins de Lyon, par exemple, soutenaient : 1° que les ennemis déclarés de la Constitution *Unigenitus* étaient privés de toute juridiction spirituelle dans l'Eglise ; 2° que les fidèles ne pouvaient communiquer avec eux *in divinis,* quand même ils n'auraient à craindre ni danger personnel, ni scandale public (*secluso scandalo et periculo*). Dans sa réponse, M. Le Clerc prit hardiment parti contre les *incommunicants* et prouva sa thèse avec autant de sagesse que d'érudition.

ordre de Mgr de Rochebonne, qui connaissait sa science et ses sentiments ultramontains, il s'employa heureusement à ramener dans la bonne voie plusieurs religieuses Bénédictines égarées par le jansénisme et à convertir quelques huguenots qui firent leur abjuration entre ses mains dans la chapelle du Séminaire.

Mais l'influence d'un homme, si étendue qu'elle soit, ne dure qu'un temps, et, quelques années après la mort de M. Le Clerc, la forte impulsion qu'il avait donnée aux études menaçait de se ralentir. C'est alors que M. de Vaugimois entreprit de procurer au séminaire de Saint-Irénée les avantages d'une agrégation à l'Université de Valence.

Cette affaire mérite d'être racontée avec quelques détails.

Les lois du royaume exigeaient alors que certains bénéfices, distingués par leur état ou par leurs fonctions, ne fussent possédés que par des titulaires gradés. Ainsi le voulait le concordat de Léon X à l'égard des prébendes théologales et des cures des villes murées (1); ainsi pareillement l'édit de 1606, par rapport à toutes les dignités des églises cathédrales et à la première des collégiales.

Mais depuis longtemps différentes Universités étaient tombées dans un relâchement déplorable pour la concession des grades ; leur facilité à les accorder, sans faire observer le temps d'étude requis par les ordonnances, y attirait un grand nombre de sujets qui, séduits par la multitude des exemples et par la tolérance ouverte des Facultés, s'imaginaient que les grades ainsi obtenus ne pourraient jamais être valablement attaqués. Aussi vit-on bientôt la plupart des cures des villes et des dignités des églises cathédrales occupées par des ecclésiastiques dont les grades étaient défectueux : ils comptaient sans doute sur la difficulté de découvrir le vice de leurs titres; et tous se flattaient que leurs provisions seraient hors d'atteinte, après trois ans de possession paisible. Mais la tranquillité de ces bénéfices fut troublée par

____

(1) D'après le Concordat de Léon X, au tit. *de collationibus*, § 10, *de ecclesiis parochialibus in villis muratis*, les cures des villes murées ne pouvaient être conférées qu'aux sujets bien et dûment qualifiés, ou à ceux qui avaient étudié pendant trois années, soit en théologie, soit en l'un ou l'autre droit, ou à ceux qui étaient maitres-ès-arts, après avoir étudié dans quelque Université privilégiée. — Plus tard, les déclarations du roi (17 novembre 1690 et 14 janvier 1700), portèrent réduction du temps d'étude à 3 mois pour le baccalauréat et à 6 mois pour la licence, en faveur de ceux qui étaient âgés de 25 ans.

un arrêt rendu au Parlement de Toulouse, le 5 avril 1735.
Aussitôt parurent dans les diocèses une multitude de dévolutaires, qui cherchaient moins à réformer les abus qu'à en profiter,
pour se rendre maîtres d'un grand nombre de bénéfices, sous
prétexte de défauts qu'ils prétendaient trouver dans les grades
des titulaires. Or, ces dévolutaires n'avaient souvent ni les dispositions ni les talents nécessaires pour exercer dignement les
fonctions qu'ils ambitionnaient ; et leur plus grand mérite était
d'avoir mieux pris leurs précautions pour obtenir des grades
dans une forme plus régulière que ceux qu'ils voulaient dé-
posséder.

Pour mettre fin à ces misérables compétitions, le Roi défendit,
par une déclaration (donnée le 6 décembre 1736), d'inquiéter
ceux qui jouissaient paisiblement depuis trois ans. En même
temps il renouvela et confirma, pour l'avenir, l'obligation de
suivre fidèlement les règlements prescrits pour la validité des
grades.

Cette ordonnance atteignait directement les Universités de
Bordeaux, Montpellier, Cahors, Angers, Valence et quelques
autres, qui étaient en possession publique d'accorder les grades
sans temps d'étude et sans avoir rempli les formalités requises (1).
Elle n'intéressait pas móins la plupart des diocèses : aucun
d'eux peut-être, sauf celui de Paris, n'avait assez de sujets qualifiés ou gradués. A ce point de vue, celui de Lyon était particulièrement pauvre : il ne comptait alors que 27 docteurs, y
compris les Sulpiciens et plusieurs religieux de différentes
communautés. Voici d'ailleurs comment, dans un acte public
(le 9 juin 1738), Mgr de Rochebonne appréciait la situation de
son diocèse : « Le prélat reconnaît de jour en jour la nécessité
de former solidement à la science et à la piété des ecclésiastiques propres à remplir avec succès les principales cures, dignités
et autres bénéfices de son diocèse ; il pourrait à la vérité espérer
d'en trouver plusieurs de cette qualité parmi ceux qu'on élève
dans son Séminaire Saint-Irénée, mais, comme son diocèse n'a
point d'Université (2) où l'on puisse prendre les degrés nécessaires pour requérir lesdites cures, dignités et bénéfices, et que
la plupart des jeunes gens ne sont pas en état d'aller étudier hors

(1) V. Rapport de MM. les Agents du clergé, année 1736, pp. 184-186.
(2) On sait en effet qu'il n'y avait alors à Lyon ni Université ni Faculté
proprement dite, mais seulement une école de médecine et une de droit;
toutes deux n'étaient rien moins que florissantes.

du diocèse, dans les Universités voisines, durant le temps fixé par le Concordat et les Ordonnances du Royaume pour obtenir lesdits degrés, il arrive souvent que les meilleurs sujets de son diocèse sont exclus par ce défaut desdites cures, dignités et bénéfices ; et il est obligé de les conférer à des ecclésiastiques étrangers, dont il ne connaît pas les mœurs et qui n'ont souvent d'autre mérite que le temps d'études et les degrés qu'ils ont pris dans les Universités. »

La difficulté était grande. Il s'agissait en effet de concilier les droits de la piété, qui trouvait un asile sûr au Séminaire, avec la déclaration royale qui demandait l'assistance aux cours d'une Faculté. M. de Vaugimois fit remarquer au prélat que l'Université de Valence avait récemment délégué un agrégé de sa Faculté de Droit, M. Perrichon, célèbre avocat et ancien Président du Parlement de Dombes, pour faire un cours à Lyon, en faveur des étudiants qui, tout en demeurant dans cette ville, pouvaient néanmoins prendre leurs inscriptions et subir leurs examens à Valence. D'autre part, on savait que les Séminaires de Viviers et du Bourg-Saint-Andéol, dirigés par les prêtres de Saint-Sulpice, venaient de se faire agréger à la même Université, pour leurs études théologiques. De ce double précédent M. de Vaugimois concluait que, si le Séminaire Saint-Irénée sollicitait la même faveur, il l'obtiendrait sans la moindre difficulté. Enfin, Mgr Charles-François de Châteauneuf de Rochebonne, archevêque et comte de Lyon, primat des Gaules et pair de France, se résolut à faire les premières démarches, de concert avec Mgr François de Béringhem, évêque et seigneur du Puy, comte de Velay. Ensemble ils passèrent procuration à illustre et spectable personne Messire Pierre-Louis Chomel, abbé et chef général de l'Ordre de Saint-Ruf, résidant à Valence. Il présenta en effet leur requête à Mgr l'évêque et comte de Valence, chancelier de l'Université. Aussitôt (17 juillet 1738) les Facultés, réunies en assemblée générale dans la salle royale de ladite Université, prirent la délibération suivante :

Attendu que les séminaires des deux villes de Lyon et du Puy sont dirigés par Messieurs les Prêtres de la Congrégation de Saint-Sulpice, qui sont des ecclésiastiques attachés à l'épiscopat, et qui, étant formés sur les principes de la hiérarchie, sont plus capables que d'autres d'y former les clercs confiés à leurs soins, l'Université a unanimement arrêté qu'elle prête, dès à présent, consentement, sous le bon plaisir du Roi et de Mgr le Chancelier de France, à ce que les études qui seront faites à l'avenir dans les dits séminaires, à commencer à la fête de la Saint-Martin, onzième novembre de la présente année, soient réputées études académiques, en aient la force et les privilèges dans l'ordre public; et qu'elles soient unies aux études qui sont faites dans la faculté de théologie et des arts de cette Université; et que les professeurs qui seront choisis par les dits séminaires approuvés et reçus par l'Université, soient agrégés aux dites facultés de théologie et des arts, néanmoins sous les conditions suivantes :

1· Les professeurs destinés à l'enseignement de la théologie et de la philosophie dans le séminaire Saint-Irénée seront tenus de se présenter à l'Université et d'y prendre les degrés nécessaires, qui leur seront donnés gratuitement ; à moins qu'ils n'eussent déjà reçu les mêmes degrés dans une autre Université, — auquel cas, ils seront seulement obligés de prendre les provisions de professeur dans la forme accoutumée.

2· Ne pourront les dits professeurs du Séminaire prétendre aucune part aux gages et autres émoluments des professeurs et agrégés de l'Université....., mais se contenteront d'un simple rang d'honneur parmi les docteurs, suivant l'ordre de leur réception.

3· Les professeurs et les étudiants du Séminaire se conformeront aux statuts, règlements, police et discipline de la dite Université.

4· Les certificats d'étude, donnés à leurs élèves par les professeurs du Séminaire, seront visés et contresignés par le Recteur de l'Université, — Les étudiants ne pourront se faire recevoir dans une autre Université que celle de Valence, — et les professeurs du Séminaire n'entreprendront jamais de donner aucun grade aux aspirants.

5· Dès le commencement de leur études, les aspirants seront obligés de s'immatriculer dans les registres de ladite Université.

6· Les étudiants du Séminaire jouiront à l'avenir des mêmes et semblables droits, honneurs et prérogatives dont jouissent ceux qui étudient à Valence.

Aussitôt cette délibération fut envoyée à la Chancellerie pour recevoir la sanction royale. Louis XV, Dauphin de Viennois, comte de Valentinois et Diois, s'empressa (août 1738) de donner à cet effet des lettres patentes, avec le visa du célèbre d'Aguesseau. Elles furent adressées au Parlement de Grenoble, avec une lettre de jussion (1), ordonnant à cette Cour de les enregistrer purement et simplement, sans aucun délai, restriction, modification ni difficulté; ce qui fut exécuté le 22 du même mois, à la requête du procureur général du Roi. Enfin, l'année suivante, le 18 septembre 1739, elles furent insérées dans les fastes consulaires de

(1) C'est sans doute par mégarde qu'un auteur sérieux a parlé ici d'une *lettre de cachet.*

la ville de Lyon, par ordonnance de M. Périchon, Prévot des marchands. Une expédition authentique, dûment signée et scellée du grand et petit sceau en cire verte sur lacs de soie rouge et verte, fut remise aux archives de l'université de Valence.

Toutes ces formalités étaient nécessaires; car sous l'ancien régime, les Ordonnances du Souverain, dont les dispositions se liaient à l'ordre public, devaient être vérifiées par la Cour chargée de les faire exécuter. Il était donc indispensable que les Lettres Patentes, contenant agrégation du Séminaire de Lyon, à l'Université de Valence fussent reçues au Parlement de Grenoble, dans le ressort duquel se trouvait cette Université. Mais, pour leur donner force dans les autres provinces du royaume, fallait-il les faire enregistrer par toutes les Cours et notamment par celle de Paris? M. de Vaugimois ne s'y crut pas obligé. Il aurait craint d'ailleurs, en faisant cette démarche, de blesser l'Université de Paris, qui affectait de considérer comme anormales des études académiques faites hors des villes académiques. Elle ne prenait pas garde qu'en s'affiliant les Universités, de Caen, Reims et Angers, elle avait elle-même promis de compter pour moitié les années passées dans ces Universités.

Quoi qu'il en soit, impatient de profiter au plus tôt des avantages qui venaient d'être accordés à sa chère maison, M. de Vaugimois, se hâta de remplir les conditions imposées aux professeurs du Séminaire par le premier article de la délibération. Il envoya trois de ses confrères, qui n'avaient point pris tous leurs grades en Sorbonne, se présenter à Valence, deux pour le doctorat en théologie et l'autre pour la maîtrise-ès-arts. Leurs examens furent si brillants que Mgr de Valence, recteur de l'Université, daigna écrire à M. de Vaugimois une lettre de félicitations (29 octobre 1738) : « Vos trois Messieurs ont parlé véritablement en maîtres et en maîtres aussi capables d'instruire par leurs leçons qu'ils le sont d'édifier par leurs exemples. Dans les petites formalités qu'ils ont été obligés de remplir, ils nous ont encore davantage confirmés dans la conviction que votre association ne sera pas moins avantageuse à notre Université qu'à nos Diocèses. Je bénis le Seigneur du succès qu'il a donné à notre entreprise : elle ne peut que tourner à sa gloire. »

En même temps, sur le conseil de M. Cousturier, Supérieur général de Saint-Sulpice et conformément aux statuts de la Faculté de Valence, « le cours de Philosophie fut distribué en deux ans au Séminaire de Lyon et les cours de Théologie dogmatique et positive y furent réglés sur ceux des meilleures Universités, sans omettre l'étude des traités de morale avec toute l'étendue que peut exiger l'exercice du ministère. »

Mais, à peine ce système d'études était-il organisé, que plusieurs communautés, jalouses d'un si beau privilège, crièrent à l'abus. Informé de cette situation, M. Cousturier, par deux lettres du 2 et du 9 décembre 1738, s'empressa de recommander à M. de Vaugimois d'éviter le bruit et l'éclat dans les commencements, même en restreignant le privilège aux internes, afin de bien vivre avec tout le monde. « Vous le savez, ajoutait-il, c'est là notre esprit : nous devons donc éviter de faire peine à personne et ne point mettre obstacle au bien que font les autres. Apportez tous vos soins, je vous en conjure, pour que les PP. Jésuites et le Séminaire Saint-Charles n'aient point sujet de se plaindre ; nous devons les estimer, les considérer et les aimer et par conséquent faire de notre mieux pour ne leur causer aucune inquiétude.

Fidèle à cette ligne de conduite, M. de Vaugimois se contenta de poursuivre le double but qu'il avait eu en vue dès le commencement. « Vos études académiques, disait-il lui-même, ne serviront qu'à exciter entre nos séminaristes une louable émulation dans le travail et à fournir au diocèse tous les gradués nécessaires. »

Toutefois il se permit de faire observer à Mgr le Chancelier de l'Université que, les conditions d'admission étant alors trop faciles, il serait sage de les rendre plus sévères, afin de relever le niveau des études. En effet, comme nous l'apprend une note du secrétaire des Facultés (20 novembre 1739), les sujets médiocres, après deux ans de philosophie, pouvaient aisément conquérir la maîtrise-ès-arts ; et, une fois ce grade obtenu, sans s'appliquer sérieusement à la théologie, moyennant la simple assiduité aux cours, ils prétendaient avoir droit à des lettres de nomination qui, au bout du *quinquennium*, ne leur étaient pas refusées. — Pour le baccalauréat en théologie, il suffisait de répondre, sur les Sacrements en général et en particulier, devant le premier professeur qui, s'il y avait lieu, présentait le récipiendaire à la Faculté.

Pour le doctorat, le Vice-chancelier faisait tirer au sort deux questions des six grands traités (quelquefois les candidats obtenaient dispense d'un traité) ; et c'était encore le premier professeur qui était chargé de l'examen.

Les études n'étaient donc pas fortes à Valence. Aussi ne saurions-nous dire avec quelle faveur les professeurs de la Faculté accueillirent les observations du sage supérieur. Avant la rentrée de 1741, ils se hâtèrent de rendre et de promulguer une ordonnance qui modifiait sensiblement l'ancien état de choses. Toutefois, ce moyen ne leur profita guère. Désormais, libres de choisir entre les études de la Faculté et celles du Séminaire, les ordinands affluèrent à Lyon en si grand nombre, que M. de Vaugimois se vit obligé d'admettre aux cours de la maison soixante externes qui n'avaient pu trouver place dans les bâtiments inachevés. C'est ce que les professeurs de Valence reconnurent, cette année-là, avec une simplicité qui fait honneur à leur modestie et à leur amour du bien. Et, ce qui paraîtra plus remarquable encore, ils ne firent pas difficulté d'avouer que les étudiants du séminaire leur semblaient notablement supérieurs à leurs propres auditeurs.

La faute n'en doit pas être attribuée aux professeurs de la Faculté, mais bien, si nous en croyons un mémoire publié par un ancien élève du séminaire Saint-Irénée, à la liberté dont jouissaient les étudiants qui, n'étant ni réunis dans la même maison, ni soumis à des règles de discipline commune, pouvaient facilement présenter des raisons d'absence, se livrer à la dissipation et prolonger leurs vacances déjà trop fréquentes.

« Au contraire, concluait ce mémoire, nous voyons au séminaire des écoliers sans cesse occupés à l'étude, avec une émulation qui prend sa source dans l'exacte discipline qui s'y observe » (1).

(1) Plusieurs fois et sous différents prétextes, cette agrégation fut attaquée devant le Parlement de Paris: mais le séminaire Saint-Irénée n'en conserva pas moins son privilège jusqu'à la Révolution, puisque l'Almanach de Lyon, pour l'année 1789, disait, comme celui de 1742 : « On y fait le *Quinquennium*, comme dans l'Université même, pour obtenir, en théologie les grades nécessaires afin d'acquérir et posséder les bénéfices qu'on ne peut obtenir sans être gradué. »

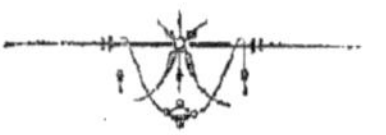

CHAPITRE III

Deux archevêques de Lyon habitent au séminaire Saint-Irénée.

os lecteurs apprendront peut-être avec étonnement que deux archevêques de Lyon, issus des plus nobles familles de la contrée, ont connu la pauvreté dans leur palais primatial, et cherché au Séminaire Saint-Irénée une retraite honorable mais modeste, pour relever leurs affaires en décadence.

On se fait généralement des idées peu justes sur la vraie situation temporelle du clergé de France avant la Révolution. Sans doute, il y avait alors dans le royaume, des évêchés opulents et de riches abbayes. Mais l'entretien des édifices religieux, l'instruction de la jeunesse, à tous les degrés, l'assistance des pauvres et des malades, et bien d'autres charges, même dans l'ordre civil, absorbaient la plus grande partie des ressources, et les titulaires, après avoir rempli tant d'obligations diverses qui pesaient sur leurs bénéfices, ne trouvaient plus, bien souvent, dans leurs revenus, de quoi faire face aux dépenses que leur imposait la loi ruineuse d'une étiquette sévère.

Telle fut en particulier la situation de Mgr François-Paul de Neuville, et celle de son successeur, Mgr Charles-François de Châteauneuf de Rochebonne. — Témoin et confident de leurs embarras, M. de Vaugimois nous les a racontés avec délicatesse. — Nous choisirons dans son récit quelques détails des plus intéressants et que nous croyons absolument inédits.

Mgr François-Paul de Neuville, petit-neveu de Mgr Camille était le troisième fils de ce maréchal de Villeroy qui fut choisi par Louis XIV, dont il avait été le camarade d'enfance, pour être gouverneur de Louis XV. A peine âgé de 49 ans, dans la douzième année de son épiscopat, il éprouva une attaque d'apoplexie, vers la fin du carême de 1726. Sur l'ordre des médecins, il alla faire une saison à Bourbon-Lancy. Au retour, il voulut se retirer au Séminaire, en réalité pour faciliter le paiement de ses dettes, mais aussi « pour sa propre édification », comme il le déclarait dans un mandement donné à l'occasion des Quarante-Heures.

Il y entra en effet, le samedi soir, 19 juillet. Comme les appartements qui lui étaient destinés dans la vieille maison n'étaient pas en assez bon état, il prit, dans le bâtiment neuf, la chambre des évêques auxiliaires. On y tendit son lit, on y mit quelques fauteuils. Plusieurs cellules du même corridor furent occupées par ses officiers. Sa Grandeur exprima le désir que deux ou trois directeurs prissent toujours avec Elle le repas du soir et lui tinssent compagnie jusque vers dix heures. Au nombre de ses commensaux habituels fut M. Laurent Josse Le Clerc, dont la conversation lui était particulièrement agréable. Tout cela parut bien contraire aux usages de Saint-Sulpice. Mais, en déférant docilement aux volontés de son archevêque, M. de Vaugimois fut heureux de lui témoigner la reconnaissance dont le Séminaire faisait profession envers la famille de Villeroy. Et d'ailleurs M. Le Peletier, supérieur général de la Compagnie, venait de céder aux instances que faisait depuis longtemps le cardinal de Fleury, premier ministre de Louis XV, pour obtenir un appartement au Séminaire d'Issy. Cependant il n'y eut pas le moindre désordre parmi les élèves, et la communauté alla toujours son train, malgré le grand nombre des étrangers qui pénétraient jusqu'au fond de la maison. Ainsi, Mgr de Neuville étant alors Commandant pour le Roi dans la Ville de Lyon, le Consulat se réunissait sous sa présidence, tous les dimanches, dans la grande salle d'entrée du Séminaire. Le Prélat y tenait pareillement le conseil de MM. les Vicaires généraux, et l'assemblée de la province pour député à l'Assemblée générale du clergé. C'est là encore qu'il procéda (du 12 au 19 octobre 1726) aux informations canoniques pour l'érection de l'évêché de Dijon. Il voulut enfin faire une ou deux ordinations dans la chapelle du

Séminaire; mais on reprit bientôt l'ancien usage d'aller les recevoir à Saint-Charles, parce que les cierges des ordinands pro
curaient un petit bénéfice au Bureau des Ecoles.

La présence de son archevêque fut encore pour le séminaire
l'occasion d'un embellissement notable. Car les messieurs du
Consulat, trouvant que l'accès de la maison n'était point facile,
crurent faire plaisir au Prélat, commandant de la ville, et à son
père, gouverneur de la province, en offrant à M. de Vaugimois
une somme de 3.5oo l., avec une portion de la place Croix-Pâquet, pour agrandir la terrasse et pour ouvrir une entrée plus
digne et plus commode. Sur le champ, ce travail fut entrepris et
la première pierre posée solennellement, dès le 17 août, en présence des MM. de Ville, qui donnèrent dans le bassin pour les
ouvriers d'une manière fort libérale; les timbales et les trompettes ne manquèrent pas à la cérémonie. Sur la nouvelle porte
on plaça les armes de l'Archevêque et celles de Saint-Sulpice,
avec cette inscription : « *Seminarium Lugdunense* ». M. de
Vaugimois n'eut presque rien à dépenser en sus ; il eût voulu
offrir dix louis à M. le Voyer qui s'était montré plein de bien-
vaillance : il lui fit accepter un *Richelet*, de la nouvelle édition
en 6 vol., valant 170 livres.

Cependant, Mgr l'archevêque ne laissait pas d'aller quelquefois dans ses terres de Neuville; c'est là que, de sa main défail-
lante, il eut le courage de souscrire aux jugements du concile
d'Embrun. Les jansénistes, qu'il avait peut-être trop ménagés,
ne lui pardonnèrent pas cet acte d'indépendance; ils n'eurent
pas honte de l'accabler d'outrages et d'insulter à ses souffrances.

Epuisé par une longue et douloureuse maladie, Mgr de Neuville mourut le 6 février 1731, vers midi. Il était tombé en apoplexie au milieu de la nuit précédente et avait reçu l'Extrême-
Onction des mains de M. Gindre, vicaire à Saint-Pierre-le-Vieux.
Aussitôt après sa mort, le Prélat fut exposé en rochet, camail et
étole ; un grand nombre de fidèles le visitèrent, au point que
plusieurs groupes de religieux eurent peine à pénétrer jusqu'à
lui. Les chapitres de la ville députèrent quelques-uns de leurs
membres pour donner de l'eau bénite.

Enfin, comme le corps devait être inhumé le vendredi suivant
dans la chapelle des Carmélites où était la sépulture des Villeroy, on le mit, dès le jeudi soir, dans une bière en chêne qui
fut aussitôt fermée, et, sans le présenter à la cathédrale, on le
transporta directement sur un char funèbre que la maison du

Prélat en deuil accompagnait à pied, et que suivaient en carrosse MM. les Custodes et autres prêtres de Sainte-Croix. A la porte du monastère, l'un des Custodes, M. Dupré, fit une harangue et remit le corps à Mgr de Sinope, qui attendait, entouré de quelques ecclésiastiques de Saint-Nizier. Vers six heures du soir, sur la demande qui lui en avait été faite, M. de Vaugimois envoya 24 séminaristes, qui psalmodièrent pieusement l'office des morts autour du cercueil. Ils demeurèrent jusqu'à neuf heures et furent alors remplacés par 24 autres. A minuit, ceux-ci furent relevés par les MM. de Saint-Charles. « Si l'on ne « voulut pas y convier un plus grand nombre d'ecclésiastiques, « ce fut afin de diminuer la dépense des cierges. D'ailleurs, aux « invités on n'offrit pas même un flambeau pour se conduire en « pleine nuit ; à plus forte raison, point d'arquebusiers, pour « leur faire escorte à l'aller, ni au retour, ce qui eût été cepen- « dant bien convenable. Tout se fit avec fort peu de frais. »

Le lendemain, après la grand'messe, MM. les Comtes de Saint-Jean présidèrent aux funérailles.

Huit jours après la mort de Mgr de Neuville, le séminaire crut devoir à sa mémoire de faire un service très solennel. Tous les murs de la chapelle furent tendus de draperies noires armoriées, et le pavé couvert de tapis de pied, également noirs, qu'on avait loués à la Charité. Pour éclairer l'église, on mit des cierges sur toutes les corniches de la boiserie. Au milieu du chœur s'élevait un mausolée que surmontait une mitre, couverte d'un crêpe et appuyée sur un coussin. Cette représentation était entourée de deux rangs de chandeliers, sans compter six flambeaux qui étaient au-devant, par manière de troisième rang. Mgr de Sinope fut invité à faire l'office et MM. de Saint-Charles à y assister : ce qu'ils acceptèrent. On leur laissa la droite au chœur, et les séminaristes de Saint-Irénée prirent la gauche. La veille, sur les quatre heures et demie du soir, on chanta un nocturne et les laudes des morts. Pour la grand'messe, on emprunta le bel ornement noir de Saint-Nizier ; ce qui permit de célébrer à neuf officiants en chasuble et tunique avec deux assistants en chape et quatre chapiers. Le service se termina par les trois absoutes, précédées de trois répons. En outre, depuis huit heures jusqu'à midi sans interruption, il y eut des messes basses à l'autel de la Sainte-Vierge, qui était tendu d'un drap noir.

Ce fut seulement, le 2 août 1731, qu'on apprit à Lyon, la nomi-

nation au siège primatial de Mgr Charles-François de Châteauneuf de Rochebonne, évêque et comte de Noyon, pair de
France, ancien chanoine et chantre de Saint-Jean, alors âgé
de 61 à 62 ans. Il avait fait beaucoup de difficultés avant de
consentir à cette promotion. Dès qu'il eut accepté, il écrivit de
sa main à M. de Vaugimois une lettre fort polie, dans laquelle il
témoignait de sa considération pour la maison de Saint-Sulpice
et demandait le plan des appartements que son prédécesseur
avait occupés au séminaire Saint-Irénée. Il annonçait en effet,
l'intention d'y loger, durant les premières années, dans la crainte
de s'endetter. On se hâta donc de dresser un plan et de le lui
envoyer. Aussitôt Mgr l'archevêque retint pour lui-même toutes
les pièces du vieux bâtiment et en outre quatre cellules dans le
séminaire, une pour sa bibliothèque et trois pour ses aumôniers.

Cependant, ses Bulles n'arrivèrent en France qu'au commencement de janvier 1732. Le 15 du même mois il prit possession de son siège par procureur. Il eût voulu venir immédiatement en personne, ou du moins assez tôt pour assister aux
deux retraites pastorales qui se firent au séminaire après
Pâques ; il dut se contenter d'exprimer ses sentiments à ce
sujet, dans une lettre dont M. de Vaugimois donna lecture et qui
produisit la meilleure impression. On fut même obligé d'en
tirer des copies pour plusieurs curés, qui en demandèrent avec
instance.

Enfin, le Prélat fit son entrée à Lyon, le 17 août, sur les cinq
heures du soir. Plusieurs de MM. les Comtes étaient allés au-
devant de Sa Grandeur jusqu'à La Tour ; et pareillement trois
directeurs de Saint-Irénée, MM. de Vaugimois, Leclerc et Guichard, qui louèrent pour la circonstance un beau carrosse à
quatre chevaux, afin de faire honneur au Prélat qui daignait se
faire l'hôte du séminaire. Messieurs de Ville, en robe violette,
se trouvèrent à la porte de Vaise, où Monseigneur descendit de
voiture, pour recevoir leurs hommages et les compliments de
M. Perrichon, prévôt des marchands. De là il se rendit au monastère de Sainte-Marie-des-Chaînes, où il vit Mesdames ses
sœurs, qui, au nombre de cinq, y étaient religieuses. Sur les
six heures et demie, il arriva au séminaire Saint-Irénée,
où grand nombre d'ecclésiastiques de distinction s'étaient
assemblés pour lui présenter leurs devoirs. A l'entrée de la
nuit, on illumina le grand portail et toute la façade du sémi-

naire et l'on tira trois douzaines de boîtes avec quantité de fusées.

Mgr de Rochebonne n'habita pas longtemps dans le vieux bâtiment. Vers la mi-avril 1735, il exprima le désir qu'on lui donnât des appartements dans le séminaire même. Pour satisfaire ses désirs, on ne vit d'autre moyen que de détruire une soupente qui donnait sept chambres dans le pavillon construit par M. Rigoley. Ce travail ne laissa pas de causer un certain dommage à tout ce quartier, parce que les solives du premier étage étant assez faibles plièrent sous le poids des chambres supérieures. L'économe de la maison, qui dirigeait les ouvriers, avait encore un autre souci. Il se voyait obligé de leur payer régulièrement quantité de journées, et au bout de deux mois, tandis que les dépenses s'élevaient déjà à 3,200 livres, il n'avait reçu qu'un acompte de 400 l. seulement. Trois mois plus tard, à l'époque des vendanges, les choses étaient toujours dans le même état : aussi écrivait-il à l'administrateur du prieuré de Chandieu, pour exciter son zèle : « On dit dans le public que « notre Archevêque doit à chien et à loup ; je vous assure qu'il « est bien lent à me payer et je crains fort que, suivant le pro- « verbe, nous n'en soyons pour notre bon beurre. »

En effet, loin de diminuer, la dette ne fit que s'accroître par suite de nouvelles dépenses. Elle s'élevait à cinq mille livres environ, lorsque, quatre ans après, Mgr de Rochebonne tomba malade, le 8 décembre 1739. Il comprit aussitôt la nécessité de satisfaire ses autres créanciers qui étaient fort nombreux ; et, afin que son hoirie ne fût pas exposée à la honte et aux grands frais d'une liquidation, il voulut régler et solder immédiatement tous les comptes. Il se détermina donc à faire vendre sur-le-champ ses carrosses, ses chevaux, beaucoup de meubles qui étaient dans son palais de l'Archevêché, et même sa riche bibliothèque dont trois particuliers répondirent pour la somme de 21,000 livres. Tout cela permit de payer les domestiques et les ouvriers, aussi bien que les boucher, boulanger et autres fournisseurs. Plus considérable était la créance du sieur Bartholon, qui avait pris, depuis peu, la ferme de l'Archevêché, mais qui était, disait-on, en avances de 17,000. l. Le Prélat lui donna en propriété la maison de campagne d'Oullins, en lui imposant l'obligation de désintéresser tous les petits créanciers qui n'auraient pas encore reçu satisfaction. Enfin, Mgr de Rochebonne n'eut garde d'oublier la dette qu'il avait contractée envers le séminaire. Par un acte spécial du 27 décembre, il fit abandon à M. Guichard, économe, de tous les meubles qu'il avait laissés dans ses appartements de Saint-Irénée et dont la valeur pouvait s'élever à 5,000 l. environ (1).

A l'exception du linge, des ustensiles et autres menus objets absolument indispensables, le noble archevêque ne conserva plus rien que sa chapelle et sa vaisselle d'argent. Il opéra lui-même ce dépouillement universel avec autant de simplicité que de générosité.

Sa maladie se prolongea quelque temps encore, avec différentes alternatives. Il eut la consolation de faire douze fois la sainte communion, en assistant aux messes qui se disaient chaque jour dans sa chambre, et de la recevoir deux fois publiquement en viatique. En dernier lieu, [elle lui fut apportée, de son église primatiale, par M. le comte de Montmorillon, grand-sacristain, auquel se [joignirent bon nombre de Messieurs de Saint-Jean. Le pieux malade fit alors sa profession de foi et demanda pardon à son diocèse, à son église, à sa maison de tous les mauvais exemples qu'il avait pu leur donner ; il chargea même un des chanoines présents, d'écrire de sa part à trois personnes qui avaient été un peu indisposées à son égard, pour leur assurer qu'il mourait leur serviteur et leur ami. Peu de temps après, il reçut, en pleine connaissance, l'Extrême-Onction des mains de M. le comte de Fargues ; et il mourut, sans agonie, le dimanche de la Quinquagésime, 28 février 1740.

En un mot, « sa mort fut précédée et accompagnée de toutes « les circonstances et de toutes les saintes dispositions qui « pouvaient la rendre précieuse au yeux de Dieu : grandeur « d'âme, générosité de sentiments, détachement réel de tous les « biens périssables de la terre, application continuelle à Dieu, « parfaite résignation à sa volonté, transports de joie à la seule « pensée des approches de la sainte éternité. »

Ainsi s'exprimaient les dix vicaires capitulaires dans le mandement qu'ils donnèrent au diocèse, aussitôt après leur nomination. M. de Vaugimois, qui fut l'un des dix, s'estima particulièrement heureux de signer de son nom ce témoignage public et solennel de reconnaissance et de vénération.

(1) Après le décès du Prélat, l'économe vendit les meubles les plus précieux pour une somme de 4,000 l., et fit entrer tout le reste, qui valait bien 1,000 l., dans le mobilier du séminaire.

Les obsèques eurent lieu le jour suivant. M. d'Albon, archidiacre, fit la levée du corps, en présence des quatre chapitres de
Lyon, réunis dans la cour de l'archevêché. En tête du convoi,
marchaient les Réguliers et les séminaristes de Saint-Charles et
de Saint-Irénée, au nombre de deux cent vingt environ. Ils
étaient suivis de la maison et des domestiques de Monseigneur,
en habits noirs, sans flambeau à la main. Venait ensuite le corps,
porté par quatre habitués de Saint-Jean revêtus de tuniques
noires ; il était posé dans un demi-cercueil, sur un brancard, et
paré de tous les ornements de la messe pontificale, en couleur
violette avec broderies d'argent, y compris la mitre blanche en
tête, le pallium et la crosse de bois doré ; il tenait dans les mains
jointes un petit crucifix. Messieurs les grands vicaires et les
officiers de la juridiction fermaient la marche.

La procession passa sur le Pont-de-bois, puis par les quais des
Célestins, de Saint-Antoine et de Villeroy, par le Pont-de-pierre
et la rue Saint-Jean. M. le comte de Chabans portait la croix
de la Primatiale.

A l'église, suivant l'ordre accoutumé dans les cérémonies pu-
bliques, les Corps, savoir le Présidial et la Ville, furent rangés
derrière le grand autel. Les séminaristes prirent place dans la
grande nef ; beaucoup d'ecclésiastiques et de religieux montèrent dans les galeries, mais à prix d'argent, ce qui en exclut
forcément les capucins.

Une fois l'église remplie, on ferma les portes, pour n'être pas
accablé par la foule, qui se pressait nombreuse dans les rues
voisines.

L'inhumation se fit dans la chapelle Sainte-Madeleine, où
était un caveau de Messieurs de Rochebonne ; le cœur du Prélat avait été tout seul séparé, lors de l'autopsie du corps, pour
être porté à Theizé, sur le tombeau de M. son père. Le deuil
s'approcha et jeta de l'eau bénite sur la fosse ; mais il se retira
avant la fermeture de la bière.

Messieurs les Comtes qui, dit-on, avaient fait les obsèques
à leurs frais, voulurent, pour diminuer la dépense, hâter la
célébration du service. Sans attendre jusqu'au trentième et
jusqu'au quarantième jour où l'on aurait pu prononcer une
oraison funèbre, ils chantèrent le soir même les matines
de l'office des morts, et, le lendemain matin ils firent le service qui fut célébré par M. le comte de Fargues. On put ainsi
employer la même décoration et le même luminaire que

le jour de l'inhumation ; mais naturellement il y assista peu de personnes. (1)

Ce fut le même célébrant qui, peu de jours après, le lundi 7 mars, fit au séminaire un service très solennel, en présence des communautés de Saint-Charles et de Saint-Irénée. Deux des vicaires-capitulaires, MM. de la Martinière et d'Olmières, remplirent les fonctions de diacre et de sous-diacre, chacun avec deux induts. Suivant le nouveau missel, on chanta la messe *Protector noster*, après laquelle les officiants en mitres firent les absoutes. M. Perrichon, ancien prévôt des marchands, voulut bien y assister.

(1) On sait d'ailleurs que, à cette époque même, le chapitre de Saint-Jean se voyait obligé de soutenir, par de longs procès, et perdait néanmoins peu à peu, ses anciens droits, honorifiques et utiles de pontonage, péage, leyde et cartelage. Bientôt, pour tirer de misère les nobles Chanoines-Comtes, le roi se crut obligé de donner un brevet autorisant l'union au chapitre primatial des menses abbatiale et capitulaire de l'Ile-Barbe. (v. notamment *Bibliothèque Coste*, 2273-2289 et 3283-3286).

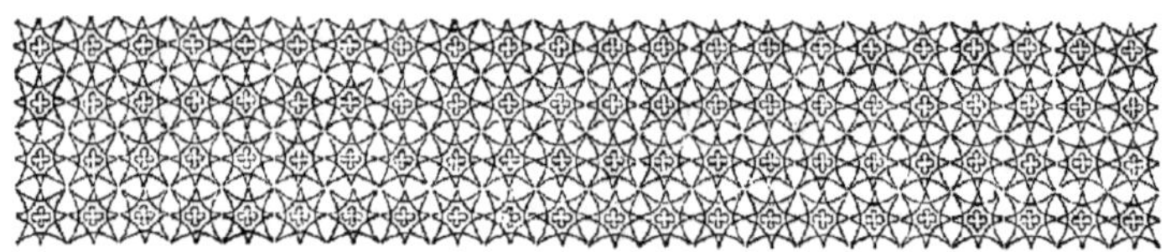

CHAPITRE VI

PRÈS avoir raconté comment M. de Vaugimois fit
fleurir au Séminaire les études et la piété, il nous
reste à donner quelques détails sur la manière dont
il administra le temporel de la maison. Dans une
communauté, les affaires de cette nature sont nécessairement,
aux yeux du Supérieur, un objet digne de sa sollicitude et
de ses meilleurs soins. Aussi bien, à la vue de la pauvreté
dont souffraient alors les archevêques et les nobles chapitres
de Lyon, est-il naturel que nous nous demandions si le Séminaire n'éprouva pas une gêne semblable. Examinons ses
comptes ; parcourons le chapitre des dépenses extraordinaires
et nous chercherons ensuite avec quelles ressources on put les
couvrir.

Au mois de février 1723, M. de Vaugimois obtint de la Ville
une indemnité de 500 l., pour les dégâts que les travaux de voi-
rie avaient causés aux murs de clôture, sur la côte Saint-Sébastien et le long du quai Saint-Clair. A cette somme, trop insuffisante, le Séminaire dut ajouter près de 2,000 l., pour faire
toutes les réparations convenables.

On profita, l'année suivante, de la belle saison, pour creuser
et cimenter, dans le jardin, une serve (sic) ou bassin propre à
garder du poisson, lorsqu'il était le plus cher et surtout durant

le carême. Quoique ce travail coûtât 8oo l., on crut, paraît-il, faire une opération très avantageuse pour la maison.

En même temps, on s'occupa de la bibliothèque qui commençait à devenir assez considérable. Du troisième étage on la descendit au rez-de-chaussée, dans une salle bien éclairée, sur des tablettes neuves. Pour préserver les livres de la poussière, M. de Vaugimois ne se contenta pas de faire cirer le parquet, il voulut en outre que chaque rayon portât une petite bande d'étoffe verte, bordée d'un liseré rouge et fixée avec des clous dorés.

Enfin, avant la rentrée de 1724, à cause du grand nombre des séminaristes pour lesquels on n'avait pas de cellules, il transféra au fond du corridor du premier étage la petite chapelle domestique, qui occupait la place de deux chambres ; il la bénit, le 8 septembre, et la dédia, par Marie, au Saint Enfant Jésus.

Le Séminaire eut encore à débourser une somme assez considérable, lorsque M. de Vaugimois réussit à terminer le différend qui subsistait depuis près de trente ans avec l'abbaye de Manglieu, au sujet de la Sacristie et des deux places monacales de Chandieu (1). Une fois les religieux sortis de Chandieu, leurs pensions, n'ayant plus de raison d'être, devaient-elles s'éteindre avec eux, ou bien au contraire leur survivre au profit de l'abbaye de Manglieu, qui, en qualité de maison-mère, se considérait comme héritière naturelle de tous leurs droits ? Question assez délicate, sur laquelle les archevêques de Lyon et le parlement de Paris avaient rendu des ordonnances et des arrêts absolument contradictoires. De fait, en 1728, la sacristie et la seconde place monacale avaient encore pour titulaire D. du Saulzet, qui de Chandieu s'était retiré au sein de sa famille. Traitant donc en son nom personnel, il consentit à l'union de son bénéfice et à la suppression de sa place, en faveur du Séminaire Saint-Irénée, moyennant une rente annuelle et viagère de 5oo l. ; elle lui fut servie jusqu'à sa mort, arrivée peu de temps après (3o avril 1729). Quant à l'autre place monacale, comme le dernier titulaire, D. du Floquet, avait fini ses jours au monastère de Manglieu (en 1702), les religieux s'étaient empressés de désigner l'un d'entre eux, D. Lebrun, pour jouir de la même pension. En conséquence, ils réclamaient tous les arrérages de cette rente, que le Séminaire n'avaient point payée depuis vingt-six

(1) Voir Notice de M. Maillard, *circà finem.*

ans. Par transaction en date du 11 janvier 1728, ces arrérages furent réglés et modérés à la somme de 6, 800 l., payable en plusieurs termes largement échelonnés ; et, pour l'avenir, M. de Vaugimois promit de servir à l'abbaye de Manglieu une pension annuelle de 300 l., tandis que les Religieux, de leur côté, ratifièrent les suppressions consenties par D. du Saulzet.

Toutes ces opérations, suivant l'usage, durent être soumises à une enquête *de commodo et incommodo.* Elle se fit à Montbrison, par devant M. de Marclopt, doyen de l'église royale et collégiale de Notre-Dame (30 mai 1729). Qu'il nous suffise de citer les noms des témoins honorables qui furent entendus par le commissaire :

Mre François Basset, prêtre, chanoine de la même église.

Mre Claude Delpeuch, bachelier en théologie, prêtre, curé de la paroisse de Saint-André.

Mre Barthélemy Guillaume, bachelier en théologie, prêtre, curé de Sainte-Marie-Madeleine.

Noble Etienne Basset, conseiller du Roi, président en l'élection de cette ville.

Noble Denis Salles, conseiller du Roi, juge-capitaine-châtelain des châtellenies royales de Marcilly et de Châtelneuf.

Noble André-Joseph Réal de Bussy, avocat en Parlement.

Leurs dépositions unanimes se résument fidèlement dans les observations suivantes que le promoteur adressait à Mgr l'archevêque (14 septembre 1729) : « Les prêtres de Saint-Sulpice ont contracté de nouvelles obligations pour l'établissement d'un petit séminaire de philosophes, réuni à leur maison. L'utilité et nécessité de cet établissement ont paru évidentes à Votre Grandeur et à MM. ses Vicaires-généraux. On remarque tous les jours que les difficultés, qui empêchent de faire du progrès dans les hautes sciences, viennent du défaut de connaissance des premiers principes, qui se puisent dans l'étude de la philosophie,... et que, sans ces premières dispositions, on ne peut être qu'un théologien superficiel. Outre cet avantage, la vigilance des Supérieurs et Directeurs sur les mœurs et sur la conduite des jeunes gens qui se destinent au service des autels, leur attention à les instruire dans les bonnes et saintes lettres, la piété qu'on leur inspire avec tant de zèle sont autant de motifs qui prouvent l'utilité de la nouvelle union. »

En suite de ces conclusions, Mgr François-Paul de Neuville rendit une ordonnance favorable. Elle fut confirmée par lettres-patentes du roi (septembre 1730), que le parlement de Paris enregistra le 22 février 1732, après les formalités d'usage.

Enfin, lorsque le séminaire eut acquitté toute sa dette envers le monastère de Manglieu, M. de Vaugimois voulut, en signe de charité, offrir aux religieux un petit présent qu'il leur avait quasi promis, lors de la transaction de 1728. Il leur envoya donc un calice valant 40 écus, avec deux cuillers en argent, l'une à ragoût, l'autre à olives, travaillée à jour; le tout avait coûté 200 livres environ.

Vers le même temps (octobre 1730), arrivait l'échéance des 5,000 l. de lods dûs au monastère royal de Saint-Pierre. Heureusement Mme l'abbesse Guyonne-Françoise-Judith de Cossé de Brissac fit remise de 1,000 l.; et, sur la fondation de M. Rigoley, le séminaire de Saint-Sulpice put envoyer une somme de 2,450 l., quoique le taux des rentes sur l'Hôtel-de-Ville de Paris fût alors réduit à 2 %.

Depuis longtemps l'expérience avait appris que la campagne de Vassieu se trouvait trop éloignée de la ville, pour servir commodément à la promenade hebdomadaire des théologiens et des philosophes. Les Directeurs étaient d'avis, avec l'agrément de Mgr de Rochebonne, qu'il fallait chercher, dans les environs de la Croix-Rousse, un endroit convenable à cet effet. Leur choix se fixa sur une maison, dite la *Carette*, qui appartenait à un médecin. Elle fut achetée 13,500 l. Le Consulat fit remise d'une partie des lods qui lui étaient dûs. Néanmoins, tous frais de vente compris, la dépense s'éleva jusqu'à 16,500 l., sans compter 2,738 l., qui furent employées à planter des arbres, à clore la propriété, à réparer quelques appartements.

Ce n'était rien encore, en comparaison d'une grande entreprise qui devenait chaque jour plus urgente. Comme malgré eux, les Directeurs se voyaient obligés de poursuivre la construction du bâtiment. La prudence sans doute leur conseillait d'attendre; car, en réalisant toutes ses économies, le Procureur n'avait en caisse que 15,000 l., au lieu des 80,000, qui semblaient nécessaires. Mais le nombre des séminaristes augmentait tous les ans; déjà l'on n'avait pas la moitié des chambres nécessaires; les salles des exercices et des classes étaient trop étroites; les caves mêmes pouvaient à peine contenir une provision de vin pour six mois. Dans cette situation, le supérieur et l'économe prirent résolûment leur parti. Ils proposèrent à leurs confrères : 1° de donner au bâtiment toute la longueur que portait le plan primitf (sans construire pourtant une nouvelle chapelle), 2° de faire régner sur le corps entier de l'édifice, tant ancien que nouveau, un toit en mansarde, qui donnerait soixante cellules pour les philosophes. Grâce à cette combinaison, le séminaire aurait 240 chambres environ. Le projet fut approuvé par l'assemblée des Directeurs, et, après avoir obtenu le consentement de M. le Supérieur général, on commença tout de suite les travaux, au mois de mars 1740.

Le 22 juin suivant, dans l'octave de la Fête-Dieu, après un Salut du Saint-Sacrement, Mgr de la Valette, évêque d'Autun, administrateur du diocèse de Lyon, durant la vacance du siège, posa solennellement la première pierre de cette reprise (1). Elle portait cette inscription :

D. O. M.

Gaspardus Æduensis episcopus,

Administrator Lugdunensis, sede vacante,

Lapidem hunc secundo-primum seminarii Lugdunensis

Posuit

X calendas Julii anni MDCCXL.

Le prélat mit quatre louis sur la pierre, au profit des maçons. A la fin de la cérémonie, pour en perpétuer le souvenir, on eut soin de distribuer à tous les assistants une belle carte, qui portait une inscription plus détaillée, en style lapidaire.

---

(1) Mgr de la Valette, arrivé à Lyon, le 10 mai, était descendu au Séminaire où il présida la seconde retraite de MM. les Curés. Il exerça ses droits, en visitant les paroisses et les communautés religieuse de la ville : les chapitres d'Ainay, de Saint-Paul et de Saint-Nizier ; la Visitation, Sainte-Elisabeth de Bellecour et Sainte-Marie-des-Chaines ; les couvents de Saint-Benoît, de Sainte-Ursule ; les abbayes de Saint-Pierre, de la Déserte et de Chazaux ; les deux monastères de l'Annonciade, ceux des Colinettes et des Deux-Amants ; l'Antiquaille, les Bernardines et la Propagation de la Foi.

Le jour de la Pentecôte, il officia pontificalement au Séminaire, selon le rite lyonnais. Il eût voulu le faire à la Primatiale et il croyait en avoir le droit, aussi bien que les Archevêques de Lyon ; mais, ayant appris que MM. les Chanoines-Comtes élevaient des doutes à ce sujet, il aima mieux ne pas insister. Ce fut encore dans la chapelle du Séminaire que le 29 juin, il donna la Confirmation à cinq paroisses qui y vinrent processionnellement : celles de Sainte-Croix, Saint-Pierre-le-Vieux, Saint-Georges, Saint-Just et Saint-Irénée.

Bref, les travaux furent terminés à la Toussaint de l'année 1741 (1). Grâce à la vigilance de l'économe, ils ne coûtèrent que 73,550 l. dont le détail se trouve au *Registre des constructions*, à la suite des ouvrages exécutés par les soins de M. Maillard.

Pour payer immédiatement les entrepreneurs et les ouvriers, on emprunta 60,000 l., dont 10,000 à la Grande-Chartreuse et 50,000 à la ville de Sion en Valais, avec intérêts à 4 o/o. Chaque année, on s'efforça d'amortir une partie de cette énorme dette, si bien qu'en 1765 elle était soldée tout entière.

Mais par quels moyens les directeurs du Séminaire purent-ils atteindre ce beau résultat? C'est ce qui nous reste à examiner.

Tout d'abord ils eurent la pensée de s'adresser à la maison mère qui avait donné si libéralement, lors des premières constructions. Mais elle se trouvait elle-même dans un état voisin de la gêne : les séminaristes de Saint-Sulpice « payaient difficilement leurs pensions, soit à cause de la rareté des espèces, soit parce que la plupart d'entre eux avaient des frères à l'armée, qui emportaient, comme l'on dit, le plus beau et le meilleur de la fortune paternelle. »

Encore moins M. de Vaugimois pouvait-il compter sur les archevêques et sur le clergé de Lyon : leur demander un secours extraordinaire, quand ils lui faisaient, comme nous l'avons vu, confidence de leurs embarras, c'eût été insulter à leur pauvreté. Si plusieurs ecclésiastiques de qualité ne laissèrent pas, malgré leur indigence, de lui offrir une partie de leur mobilier, leur bibliothèque par exemple, il sut, en recevant ces legs, mesurer sa reconnaissance, non à la grandeur du bienfait,

Enfin, le 26 octobre, Monseigneur d'Autun partit de Lyon, dans son carrosse à six chevaux. Plusieurs directeurs du Séminaire, alors en vacances, se crurent obligés de louer un carrosse à quatre chevaux, pour l'accompagner jusqu'au bourg d'Anse. Ils y dînèrent avec Sa Grandeur et revinrent le jour même à Lyon.

(1) Les constructions n'étaient pas encore achevées que le Séminaire se vit menacé de subir un dommage considérable. La ville de Lyon, ayant dessein de continuer les quais sur le Rhône, voulut déplacer des fonderies de suif, qui étaient au nord et non loin du Grand-Collège des PP. Jésuites, et les établir en deçà du bastion de Saint-Clair. Pour faire échouer ce projet, M. de Vaugimois dut envoyer nombre de mémoires, plans et suppliques au cardinal de Fleury, au cardinal de Tencin, au duc de Villeroy, gouverneur de Lyon et à M. Cousturier, supérieur de Saint-Sulpice. L'on ne fut rassuré que vers la fin de l'année 1741.

mais à la générosité du donateur. Somme toute, c'est à peine si ces bons prêtres versèrent à la caisse de l'Econome plus de deux mille écus vaillant (1).

Tout le secret d'une œuvre si heureusement achevée se trouve donc ailleurs. Il est uniquement dans la sage administration des trois économes qui secondèrent M. de Vaugimois pour la gestion du temporel. Avec un esprit de suite qui n'est pas rare dans les communautés, sans relâche comme sans impatience, ils tendirent au même but, ils préparèrent longtemps leur projet, pour en assurer, au moment convenable, la parfaite exécution. Non seulement, ils eurent soin de transformer le domaine de Vassieu en une propriété de grand rapport où ils plantèrent plus de 150 *hommes* (*sic*) de vigne (2) ; mais, à l'exemple de M. Rigoley, ils surent accroître les revenus des prieurés de Firminy et de Chandieu. Or ces deux bénéfices, nous l'avons vu plus haut, avaient été unis au séminaire par Mgr Camille de Neuville

---

(1) Il est juste pourtant de nommer quelques-uns des nouveaux bienfaiteurs du Séminaire.

Au commencement du mois de mai 1727, M. Bourgeois, chantre et chanoine de Pont-de-Vaux, donne un capital de 300 l., pour une place gratuite de retraite, au profit des prêtres de son église ou de son archiprêtré. Trois ans plus tard (7 août 1730), un grand vicaire, M. Michel, docteur de la maison et société de Sorbonne, sacristain de l'église de Fourvière et promoteur général du diocèse, offre 2,000 l., à fonds perdu, moyennant une rente viagère de 100 l. — Un autre grand vicaire, M. Dupuys, fonde une place gratuite de la seconde pension, au capital de 4,000 l. environ. Il lègue aussi sa bibliothèque, d'une valeur de 800 à 900 l. ; et, après sa mort (1er mai 1732), sa nièce, religieuse de Sainte-Elisabeth, s'empresse, conformément à ses intentions, de fonder une retraite gratuite pour MM. du Chapitre d'Ainay. Encore un autre vicaire général, M. de la Martinière, chanoine de Saint-Nizier (alors propriétaire de la maison des Guétons que le Séminaire avait jadis occupée à la montée Saint-Barthélemy) donne aussi sa bibliothèque, avec une tenture de six pièces de tapisserie ancienne. Enfin, M. de Montressoux, curé d'Ambérieu-en-Dombes, et M. Sain, curé de Firminy, lèguent chacun une tenture de six pièces en verdure.

(2) Les soins donnés à la culture ne firent pas négliger la petite chapelle de Vassieu, où les directeurs disaient la sainte messe pendant les vacances. Elle fut même rebâtie en 1735. Longue de 33 pieds, large de 18, elle coûta 1500 l. environ, sans compter un rétable de 100 écus, un tableau de N.-D. des Anges, qu'on paya 51 l., et une cloche nommée *Maria-Angelica*. Pour l'orner, on répara les anciens tableaux de saint Irénée, de saint Sébastien et de saint Jean l'Evangéliste. Enfin M. de Vaugimois dédia le nouveau sanctuaire à la B. V. Marie, à saint Michel et à tous les Anges, avec deux autels, sous les titres de N.-D. des Anges et du Saint-Sauveur.

et par M. Leschassier, pour être comme le patrimoine des Directeurs employés dans la maison. Libres de dépenser honnêtement ce modique revenu, les prêtres de Saint-Sulpice s'attachèrent à le ménager avec une pieuse parcimonie, en vue des plus grands intérêts du diocèse de Lyon. Ce parfait détachement, qui est d'ailleurs dans les traditions de Saint-Sulpice, alla même si loin que, suivant l'expression énergique de M. Cousturier, supérieur général, « les économes du Séminaire Saint-Irénée s'habituèrent à regarder les ornements, les livres et l'argent que possédaient leurs confrères, comme le *pécule* nécessaire de la maison. »

Ces économes sont MM. Gourichon, Parent et Guichard.

M. Jacques Gourichon, du diocèse d'Angers, entré en 1696 au Petit-Séminaire de Saint-Sulpice, y demeura six ans avant d'être admis dans la Compagnie. Il arriva, le 25 janvier 1702, au Séminaire Saint-Irénée, où il remplit divers emplois avec distinction. Il y était économe en 1721, lorsque M. de Vaugimois devint supérieur. Nommé bientôt premier directeur des philosophes, il conserva néanmoins la gestion du temporel jusqu'à l'arrivée de M. Parent, aux vacances de 1727. Peu après, M. Gourichon fut appelé à Saint-Sulpice ; il y devint consulteur, en 1731, et y mourut le 4 mars 1752.

M. Jean-Philibert Parent, natif de Lonax en Bugey (alors diocèse de Lyon) avait fait son séminaire à Saint-Irénée. Entré prêtre à Saint-Sulpice, le 19 décembre 1707, il fut successivement professeur et économe dans plusieurs séminaires de la Compagnie, avant d'être envoyé à Lyon, au mois de juillet 1727. Après y avoir géré le temporel avec beaucoup de prudence, durant sept années, il fut, aux vacances de 1737, appelé au Séminaire de Paris, pour y remplir les mêmes fonctions. Il y mourut, le 1er novembre 1735, âgé de 53 ans.

M. Claude Guichard, né à Dijon le 15 août 1696, entra clerc au Petit-Séminaire de Saint-Sulpice, le 18 octobre 1714 (son frère, Simon Guichard, docteur de Sorbonne, y était alors professeur). Après avoir travaillé quelques années au Séminaire d'Angers, il fut envoyé à Lyon, au mois d'octobre 1727. Il enseigna quelque temps la scolastique, puis il fut chargé du temporel et s'en occupa avec zèle et intelligence, durant près de quarante années. Sa correspondance, dont il nous reste quelques fragments, nous montre en sa personne un rare mélange de finesse et de bonhomie, qui lui permettait de réussir dans les affaires les plus difficiles (1). Il survécut quinze ans à M. de Vaugimois, son compatriote, et mourut à Lyon le 27 janvier 1773.

(1) Nous lisons pareillement dans la *Vie de M. Démia* (p. 250). « M. l'évêque d'Egée (J.-B. Marie Bron, auxiliaire de Lyon, sacré le 3 mars 1754) venait toutes les semaines au Séminaire Saint-Irénée, pour y voir M. Guichard, son confesseur, et ils traitaient ensemble avec un abandon et une familiarité si évangélique que le temps qui efface tout n'a point fait oublier la naïveté de leurs entretiens. »

CHAPITRE VII

Ux vingt années, pleines de mouvement, que nous venons de parcourir, succéda, dans la vie du Séminaire, une période, presque aussi longue, de calme et de tranquillité. C'était la paix après la lutte ; après le labeur pénible et ingrat de l'organisation, c'était le repos, ou du moins, un travail facile et fécond. M. de Vaugimois était encore dans la force de l'âge et du caractère ; mais, une fois son œuvre achevée, avec un plan complet d'études, une double communauté de philosophes et de théologiens, les bâtiments terminés, il concentra toute son activité dans l'enceinte du Séminaire, et donna tous ses soins à la formation des sujets qui lui étaient confiés. Des quatre registres qu'il écrivit à cette époque, trois nous ont été conservés, et nous le montrent constamment appliqué à connaître la valeur intellectuelle et morale de tous les Séminaristes. Pour graver dans sa mémoire tous les détails utiles, il prenait des notes, non seulement sur les examens de semestre et d'ordination, mais encore sur les sermons que les élèves donnaient au réfectoire, et même sur les petits entretiens, qu'ils faisaient en conférence spirituelle, les samedis et veilles de fêtes ; à toute occasion, il ajoutait quelques observations sur les défauts ou les qualités de leurs caractères, tant il suivait d'un œil attentif leurs progrès dans la pratique des vertus ecclésiastiques.

Tous ces détails d'administration intérieure, qui ne sont jamais sans importance pour une communauté, intéresseraient peu nos lecteurs. Nous nous contenterons de signaler ici quelques particularités, pour achever de mettre en lumière le zèle vigilant d'un supérieur auquel rien n'échappait.

On le vit toujours très ferme sur l'article de la modestie et de la tenue ecclésiastique, et il proscrivait impitoyablemenr tout ce qui ressentait l'esprit du monde, dans la chevelure, le costume et tout l'extérieur des clercs. Mais sa sévérité était surtout inflexible, lorsqu'il s'agissait des mauvaises doctrines. Il eut la douleur de rencontrer, une seule fois, un séminariste imbu des idées jansénistes : il le chassa sans un moment d'hésitation.

Nous trouvons dans ses mémoires, détail assez curieux, la liste des personnages ecclésiastiques qu'il invitait à la saint Irénée, et celle des prédicateurs illustres, qui célébraient, en cette belle fête, les louanges du grand docteur de Lyon, et auxquels il aimait à offrir, en témoignage de sa reconnaissance, un modeste souvenir. A la fin de chaque année scolaire, M. de Vaugimois faisait soutenir des thèses solennelles par les séminaristes les plus intelligents. Toutes les communautés de séculiers et de réguliers s'estimaient heureuses d'envoyer à ces actes publics un ou deux de leurs membres, qui se disputaient l'honneur de présenter des arguments contre la thèse. Durant trois heures, le répondant soutenait la lutte, jusqu'à ce qu'il eût triomphé de sept ou huit adversaires. C'était toujours pour les élèves une fête de famille, et pour ceux qui voulaient prendre ensuite la maîtrise et le doctorat, à Valence, une excellente épreuve, et le gage des plus brillants succès. Parfois même, la qualité du thésiste ajoutait encore à l'éclat de la solennité. C'est ainsi qu'un clerc de Saint-Jean, ayant dédié sa thèse au noble chapitre, neuf de MM. les comtes vinrent l'entendre, avec quelques chevaliers. Ils en furent si satisfaits, qu'ils offrirent à la Communauté une très belle collation. De son côté, le répondant remit au chapitre une copie de sa thèse, sur magnifique satin, et à chacun de MM. les comtes un exemplaire armorié sur grand papier, enroulé autour d'un bâton doré. « On prétendit, ajoute M. de Vaugimois, que la dépense de cette journée devait aller à plus de 700 livres. »

Les manuscrits de M. de Vaugimois contiennent aussi quelques notes discrètes sur l'administration de Mgr de Tencin, archevêque de Lyon. Nous allons les reproduire fidèlement.

Ce fut le 22 novembre 1740, à l'issue des premières vêpres de la saint Irénée, que M. d'Albon, archidiacre de Saint-Jean, prit possession du siège primatial, au nom du cardinal de Tencin, archevêque d'Embrun, alors ambassadeur à Rome. Son Eminence déclara qu'Elle appréciait trop bien la sagesse du gouvernement de son prédécesseur pour ne pas donner sa confiance aux vicaires-généraux et aux membres du Conseil que Mgr de Rochebonne avait nommés. Un sentiment non moins délicat lui fit acheter, au prix de 25,000 liv., tout le mobilier du palais épiscopal, dont le lieutenant général dressa l'inventaire, à l'exclusion des officiers du Comté.

Enfin, deux ans après, le 1ᵉʳ juillet 1742, le cardinal archevêque put quitter Rome, et s'embarquer, avec 25 personnes de sa suite, sur les galères de Sa Sainteté. Il descendit à Gênes, passa par Turin et Chambéry et ne parvint à Lyon que le 17 juillet, vers dix heures du matin. Sa sœur, Mᵐᵉ la comtesse de Grôlée, était allée au devant de lui, jusqu'à la première poste en carrosse à six chevaux ; et pareillement Mgr de Cydon, suffragant, M. de la Martinière, vicaire-général, et six de MM. les chanoines de Saint-Jean. Messieurs de Ville, en cérémonie, l'attendaient sous une tente, au milieu du pont du Rhône. C'est là, qu'il fut harangué par M. de la Tourette, prévôt des marchands, et qu'il reçut les compliments de MM. les Comtes, de M. l'intendant, de M. de Rochebaron, commandant de la ville, et de plusieurs autres personnes de distinction. Ensuite le cortège se mit en marche, précédé de la maréchaussée ; les soldats du guet formaient double haie, depuis la porte jusqu'au pont de bois.

M. de Vaugimois se rendit aussitôt à l'archevêché, avec deux directeurs du séminaire, pour présenter ses hommages à Mgr de Tencin. Son Eminence lui prit affectueusement les mains, en lui disant à haute voix : « C'est à vous, Monsieur, que je dois le bon ordre de mon diocèse par les bons ecclésiastiques que vous formez. Avec l'expérience que j'ai acquise, j'ai toujours eu grandissante pour MM. de Saint-Sulpice une amitié de prédilection, fondée sur ce que je n'ai point vu de corps plus attaché à l'épiscopat. » — « Nous tâcherons, Monseigneur, répondit le supérieur, de vous en donner les preuves les plus sincères. » Ce petit dialogue fut entendu de tout le cortége qui remplissait encore les appartements du cardinal.

Dans la soirée, les clochers et les églises de Saint-Jean, de Saint-Just et de Saint-Nizier, ainsi que les monastères de Chazeaux, de l'Antiquaille et des Minimes et beaucoup de mai-

sons sur le quai des Célestins firent les plus brillantes illumina-
tions. Au séminaire, on récita le *Te Deum*.

Après un jour entier de repos, le cardinal reçut la visite des différents Corps, le jeudi 19 juillet. A la prière de MM. les Comtes
qui voulaient être les premiers à le complimenter, il ne fit ouvrir
ses appartements qu'à l'issue de la grand'messe de Saint-Jean.
Contrairement à l'usage, MM. les curés de la ville vinrent aussi
en corps ; à leur tête était le plus ancien d'entre eux, M. Lyot,
curé de Saint-Vincent, qui porta dignement la parole. Mgr l'archevêque répondit avec beaucoup d'à propos à tous les compliments : c'est ainsi que, sans blesser les Joséphites, qui par-
laient bien haut de leur entière soumission, et les Oratoriens,
qui s'étaient flattés de lui avoir donné les premières teintures de
latin, il fit entendre aux uns et aux autres les meilleures vérités et
les plus sages conseils.

Le lendemain, il prit solennellement possession du siège primatial. A dix heures du matin, après avoir donné audience aux
députés des chapitres de Trévoux et de Saint-Pierre de Mâcon,
il sortit de son palais en habits cardinalices, le chapeau rouge à
la main, et monta dans son carrosse pour se rendre au portail de
Saint-Jean. Le chapitre l'y attendait avec la croix portée par un
comte. Le prélat répondit très gracieusement au discours qui lui
fut adressé ; puis, ayant quitté sa mosette et son rochet, il s'assit
dans un fauteuil pour recevoir des mains du doyen le surplis
de Saint-Jean. C'était en effet chose convenue avec le chapitre
que Son Eminence recevrait, comme ses prédécesseurs, l'habit
de l'église, mais pour le porter cette fois seulement, tandis que
les autres archevêques de Lyon avaient toujours eu, au chœur,
le même costume que les chanoines. Sur quoi le Chapitre n'a-
vait fait aucune difficulté, sous prétexte que le cérémonial ne
réglait pas le cas où un cardinal prend possession du siège primatial, mais aussi peut-être afin de se ménager la bienveillance
du prélat dans l'affaire de l'union du monastère de l'Ile-Barbe à
la mense capitulaire de Saint-Jean (1).

Quoi qu'il en soit, Mgr de Tencin, après avoir pris l'étole,
la chape et la mitre, s'avança vers le chœur, s'agenouilla sur
un prie-Dieu, puis entra dans le sanctuaire, monta à l'autel,
baisa le texte au milieu, mit quatre louis pour offrande dans

(1) Déjà la mense abbatiale de l'Ile-Barbe était réunie au Chapitre de la
Primatiale.

chacun des deux bassins à droite et à gauche, et enfin revint au
pric-Dieu pour lire, tête nue, la formule du serment; tandis
que M. le sous-maître lui faisait toucher les saints Évangiles.

Son Éminence, assistée de M. le Doyen et de M. le Comte de
Dortan, chantre, monta alors sur son trône, qui était couronné
d'un dais de velours rouge, et demeura assise, tenant sa crosse,
durant le *Te Deum*, qui fut entonné, par M. le précenteur. Puis,
M. le Comte de Marnésia ayant récité, au milieu du chœur,
l'oraison *Pro Pontifice Lugdunensi*, le porte-croix chanta l'*Hu-
miliate vos ad benedictionem*, et le cardinal donna la bénédiction
solennelle, tous étant à genoux.

Il fut ensuite conduit en cérémonie à la salle capitulaire, où
M. le Doyen, au nom de son illustre Corps, le complimenta de-
rechef et lui prêta serment, les mains dans les siennes. A son
tour, le cardinal prêta serment au chapitre et voulut embrasser
chacun de MM. les Comtes.

Enfin, il se rendit, avec le même cortège, au palais de l'Archevêché, dont on lui présenta les clefs dans un bassin. Il retint à dîner avec lui les seize Chanoines de la Primatiale, qui
étaient alors présents à Lyon.

Le dimanche suivant, jour de sainte Madeleine, il assista en
camail rouge aux offices de Saint-Jean, et, à l'issue des vêpres,
il donna lui-même à Sainte-Croix, la bénédiction du Saint-Sacrement.

Quinze jours après (5 août 1742), il sacra de ses mains
Mgr Joseph de Fargues, comte de Lyon, premier évêque de
Saint-Claude ; les prélats assistants furent Mgr d'Hugues,
évêque de Nevers, et Mgr des Augiers, évêque de Die. La
cérémonie commença vers six heures et demie et fut terminée à
huit heures. Mgr de Saint-Claude édifia beaucoup par sa modestie. Comme il était un des meilleurs amis du Séminaire,
M. de Vaugimois fut heureux de lui prêter sa belle chasuble
pour cette circonstance solennelle.

A la fin du même mois, dans la soirée du 30 août, Mgr de Tencin reçut, à Oullins, la nouvelle que le roi venait de le nommer
ministre d'État. Il tint le lendemain son conseil de l'archevêché
et partit pour Paris, quelques jours après (8 septembre 1742),
en exprimant ses regrets d'être sitôt éloigné de son diocèse.

Avant de se mettre en route, il eut la bonté d'examiner et
d'approuver (par acte du 2 septembre) les comptes de l'écono-

mat, que M. de Vaugimois lui présenta, sur le conseil de M. Cousturier.

On sait que le cardinal de Tencin demeura près de dix ans au ministère, jusqu'au mois de mai 1751, et l'on comprend sans peine que, durant ce laps de temps, il ne put s'occuper sérieusement des intérêts de son diocèse. Tout se borna presque, de sa part, à quelques mandements ordonnant des *Te Deum*, pour les victoires remportées par les armées françaises.

Encore moins travailla-t-il pour le Séminaire Saint-Irénée et nous ne saurions lui en faire un reproche (1).

De retour à Lyon, à l'âge de soixante-douze ans, avec une santé délabrée, il essaya de visiter son vaste diocèse. Après l'avoir rapidement parcouru, il se contenta de renouveler plusieurs ordonnances de ses prédécesseurs. A dater de 1754, sa résidence habituelle fut le château d'Oullins; il ne la quitta plus que rarement et comme à la dérobée. Ainsi, en 1755, lors de la grande retraite pastorale, qui se fit la troisième semaine après Pâques, il vint une fois au Séminaire dans son carrosse à six chevaux, salua ses curés au moment de la récréation, fit deux tours dans l'allée et remonta sur-le-champ en voiture. Toutefois, l'année suivante, malgré les observations qu'on lui présenta sur les intempéries de la saison et sur l'humidité des appartements, il voulut faire lui-même sa retraite au Séminaire et y demeura quinze jours entiers, depuis le lundi de la Passion jusqu'au lundi de Pâques. Il eut alors autour de sa personne dix de ses gens : deux ecclésiastiques, trois valets de chambre, trois laquais, un cuisinier et un frotteur. Avant de quitter la maison, le cardinal de Tencin eut la bonté de visiter en personne chacun des

---

(1) M. l'abbé Audouy (dans sa *Notice sur le card. de Tencin*, Lyon 1881) dit que l'extinction entière du Chapitre de l'Ile-Barbe « fit place très opportunément au grand séminaire ecclésiastique, qui venait d'être fondé dans l'Église de Lyon, à l'exemple de celui de Milan et selon les sages prescriptions du saint concile de Trente. » A prendre cette phrase à la lettre, on pourrait croire que l'établissement fondé, en 1735, sous le vocable de Saint-Pothin, par Mgr de Rochebonne, et transféré à l'Ile-Barbe, en 1745, fut un séminaire proprement dit, semblable à celui de Milan et conforme aux prescriptions du saint concile de Trente; — tandis que le séminaire Saint-Pothin fut tout simplement, comme chacun sait, un hospice pour quelques prêtres âgés ou infirmes, analogue à celui de Vernaison ; on serait même tenté de supposer qu'aucun séminaire n'avait été fondé à Lyon, avant cette époque, tandis que les deux séminaires de Saint-Charles et de Saint-Irénée existaient : l'un depuis soixante, l'autre depuis plus de quatre-vingts ans.

directeurs et même de monter chez l'un d'eux jusqu'à l'étage des mansardes.

Son Éminence mourut le 2 mars 1758, à l'âge de 78 ans accomplis. Ses obsèques eurent lieu le lundi suivant, 6 mars (1) et, le 14 du même mois, M. d'Olmières, grand-vicaire, célébra au séminaire Saint-Irénée un service très solennel, à neuf officiants, avec quatre chapes de Saint-Jean.

En écrivant ces derniers détails, la main de M. de Vaugimois tremblait plus que de coutume. Il pensait sans doute que la mort l'attendait bientôt lui-même. Déjà, depuis quelques années, « il était souvent dans les remèdes et sa vue avait notablement baissé. » Ces présages sinistres pouvaient l'impressionner un peu ; mais ce qui devait lui être plus particulièrement pénible, c'était peut-être la perspective d'avoir pour administrateur du diocèse de Lyon Mgr de Montazet, évêque d'Autun, qui appartenait à l'école de M. de Fitz-James, évêque de Soissons, et qui, sans être ouvertement appelant, paraissait être plus ou moins favorable aux jansénistes.

En effet, le jour même où le Séminaire célébrait le service pour le cardinal de Tencin, Mgr de Montazet se faisait remettre, suivant l'antique usage, l'administration temporelle et spirituelle de l'Archevêché. Et le surlendemain (16 mars), avec une promptitude inouïe, il était nommé par le roi au siège de Lyon. Plusieurs ont prétendu que le choix de Louis XV avait été déterminé uniquement par l'espoir de trouver un instrument docile pour trancher à son gré le différend survenu entre Mgr Christophe de Beaumont, archevêque de Paris et les hospitalières du faubourg Saint-Marceau. Ainsi s'expliquerait l'empressement que mit l'évêque d'Autun à recevoir l'appel des religieuses, et à rendre, dès le 8 avril, comme simple administrateur, en vertu de la Primatie de Lyon, une sentence qui cassait les ordonnances de Mgr de Beaumont.

Arrivé à Lyon, le 30 avril, dans ces circonstances fâcheuses, Mgr de Montazet descendit au Séminaire Saint-Irénée. C'est ce que nous apprend M. de Vaugimois, sans ajouter un seul mot à la louange de son futur archevêque. Le prélat fit tapisser un appartement à ses frais ; il voulut aussi payer à M. l'économe la dépense des neuf personnes qu'il avait à sa suite, à raison de 30 s. par jour pour les officiers et 25 s. pour les laquais ; il alla

(1) M. Audouy a commis ici une légère erreur, en écrivant : « le *samedi* 6 mars. »

même jusqu'à tenir compte de deux moules de fayard et de chêne qu'il avait brûlés. Tant de précision n'était pas de bon augure.

Peu de temps après, dans les premiers jours du mois d'août, M. de Saint-Seyne, subdélégué de l'intendant, vint au Séminaire, avec M. de la Grange, lieutenant de la maréchaussée, pour opérer une perquisition dans la chambre du Supérieur et dans plusieurs autres appartements. Ils n'y trouvèrent rien de suspect qu'une brochure intitulée : *les progrès des Jansénistes.* Ils inventorièrent d'autres ouvrages catholiques et en remplirent un sac qui fut cacheté et porté à l'Intendance. « Mais on a toujours pensé, ajoute M. de Vaugimois, que ces Messieurs croyaient trouver autre chose et qu'ils considéraient le Séminaire comme un entrepôt des ouvrages de Mgr de Beaumont, archevêque de Paris. » Le lendemain, trois Directeurs étant allés chez M. l'Intendant, il leur dit que c'était une fausse alarme et un feu de paille; et en effet M. le subdélégué ne tarda pas à lever les scellés. De son côté, Mgr de Montazet, qui était alors à Paris, s'empressa d'écrire qu'il avait pris des mesures pour arrêter les suites de cette affaire; elle ne laissa pourtant pas d'avoir à Lyon beaucoup de retentissement.

En terminant cette année scolaire, le 17 août, M. de Vaugimois remit à ses confrères une somme de 1,400 l., pour augmenter de deux mois la bourse annuelle de première pension, qu'il avait précédemment fondée au capital de 8,400 l.

Le samedi 19, les Directeurs commencèrent leurs vacances à Vassieu. Elles furent assez bonnes pour le vénéré Supérieur qui eut la consolation d'y célébrer, plus solennellement que jamais, la fête de saint Michel, en souvenir de la fondation du Séminaire.

La rentrée se fit à l'ordinaire, le 30 octobre, et M. le Supérieur adressa quelques paroles à la communauté. Le lendemain, il éprouva par deux fois un embarras de langue avec quelque absence d'esprit, ce qui fit craindre une attaque d'apoplexie. Aussi, le jour de la Toussaint, après la grand'messe, sur la demande du malade, M. Guichard, son compatriote et fidèle ami, lui porta le saint viatique. Toute la communauté, partie dans la chambre, partie dans le corridor, assista à la cérémonie, le clergé en surplis avec des cierges. On ne constata ensuite, durant quinze jours, d'autre maladie qu'un dégoût absolu de toute nourriture et un affaiblissement progressif, qui lui permettait à peine de se soutenir. Le 14, à dix heures du soir, on lui donna de nouveau le saint viatique et bientôt après l'extrême-onction. Enfin, dans la nuit du 15 au 16, il expira doucement.

Mgr l'évêque d'Égée, suffragant, daigna présider aux obsèques, qui eurent lieu le vendredi 17. On y remarqua beaucoup d'ecclésiastiques, des religieux de tous les ordres, entre autres six jésuites, et tout le Séminaire de Saint-Charles en habits de chœur. Le supérieur de cette communauté remplit les fonctions de diacre, et l'économe de Saint-Irénée celles de sous-diacre, avec induts. Lorsque le convoi fit le tour de la place Croix-Pâquet pour rentrer processionnellement à l'église, les quatre coins du poële furent tenus par deux directeurs de Saint-Charles et deux de Saint-Irénée.

Le corps fut inhumé dans la chapelle, du côté de l'épître, près de la tombe de M. Rigoley. A l'issue de l'office, Mgr d'Égée, M. le Promoteur et le Supérieur de Saint-Charles restèrent pour le dîner qui fut servi sans cérémonie.

Tous les frais funéraires s'élevèrent à 500 l. environ, selon les prévisions de M. de Vaugimois, qui avait eu soin de léguer pareille somme à cet effet.

Outre cette clause, son testament, reçu par Mᵉ Philippe Vernon, notaire à Lyon, (3 septembre 1755), renferme plusieurs dispositions qui ne manquent pas d'intérêt. Après avoir « recommandé son âme à Dieu, par l'intercession de la glorieuse Vierge Marie et de tous les saints », le bon Supérieur commence par faire sa profession de foi en ces termes : « Je déclare que je crois en Dieu et en son Fils J.-C., par les mérites duquel, en qualité de chrétien, je demande et j'espère la rémission de mes péchés et la vie éternelle. Je déclare pareillement que je veux vivre dans la communion de la sainte Église Catholique, Apostolique et Romaine, hors laquelle il n'y a point de salut, et dans l'union et la soumission au Saint-Siège Apostolique, en toutes ses décisions..... et notamment à la Bulle *Unigenitus*. »

Il donne ensuite à son neveu Claude Fyot de Mimeure de Genlis (1), avec deux tableaux de famille et la majeure partie de

(1) Dans un autre acte, nous trouvons ce neveu ainsi qualifié : « chevalier, seigneur de Mimeure, Genlis, Vehey et autres lieux, Conseiller au Parlement de Bourgogne, demeurant à Dijon, en son hôtel, rue Madeleine, paroisse Saint-Médard. »

Précédemment M. de Vaugimois avait aussi de son bien patrimonial, aidé à doter sa nièce Anne-Philippine-Louise Fyot de Mimeure, lorsqu'elle son argenterie, marquée de ses armes, une somme de 10.000 l. dernier reste d'un capital de 50,000 l. qu'il avait reçu de la succession de sa mère. Pareillement, il lègue de petits souvenirs à ses deux sœurs Marie et Jacqueline de Vaugimois, religieuses professes à Dijon, l'une au monastère de Sainte-Ursule, l'autre dans la maison du Refuge.

Nous savons aussi par son testament que M. de Vaugimois jouissait, à cette date, d'une pension de 1,600 l. sur l'évêché de Blois. Il venait sans doute de l'obtenir (vers 1753), en résignant l'abbaye commendataire de N. D. du Tronchet (diocèse de Dol en Bretagne), dont il avait été pourvu plus de quarante ans auparavant, le 14 mai 1712.

Grâce à cette rente et à ses ressources personnelles, le digne supérieur put encore faire différents legs de moindre importance en faveur de quelques prêtres et de plusieurs communautés religieuses du diocèse de Lyon. Il n'eut garde d'oublier les ordinands pauvres du Séminaire de Saint-Irénée. Il donna à ses confrères, pour l'usage de leur sacristie et de leur bibliothèque, tous ses livres, calices et ornements, qu'il estimait lui-même, au-dessous de leur valeur réelle, à trois mille livres environ ; et enfin à Marie-Jacques Bessiat, libraire à Lyon, en considération de ses services, tous les exemplaires en feuilles des ouvrages qu'il avait composés.

II. Nous n'avons point l'intention de donner une Notice bibliographique des ouvrages de M. de Vaugimois. Ce travail existe déjà (1). M. L. Bertrand l'a exécuté avec un soin jaloux, et avec la précision d'un érudit qui, après soi, ne laisse plus rien à faire. A peine pouvons-nous lui signaler une légère omission. Qu'il nous suffise donc de renvoyer le lecteur curieux à la notice composée par M. Bertrand et de présenter ici une simple nomenclature des écrits que nous connaissons.

1. *Entretiens abrégés avec N.-S. J.-C., avant et après la Messe, pour les prêtres, par un prêtre du clergé.* 4 vol. in-12. Le premier parut en 1721, le quatrième en 1729. La collection entière eut plusieurs fois l'honneur de la réimpression. Aux yeux de l'abbé Simonin *(Biographie universelle, Lyon, 1845),* « cet ouvrage serait le meilleur que puissent se procurer les

---

épousa Messire Claude-Nicolas Perrenay de Vellemont, seigneur de Grosbois et autres lieux, Conseiller au Parlement de Dijon.

(1) V. *Vie, Ecrits et Correspondance littéraire de Laurent-Josse Le Clerc* pp. 336-344. *Ecrits de M. de Vaugimois.*

ministres du Seigneur pour la préparation et l'action de grâces avant et après la sainte Messe. » Aussi a-t-il été réédité, de nos jours *(Lyon, 1843)*, par les soins d'un pieux évêque, et, à cette occasion, l'*Ami de la Religion* en a porté ce jugement favorable : « L'érudition ascétique, qui a fourni tant de textes des plus saints docteurs, la sagesse profonde et sans art qui a su exposer ainsi les devoirs et les vertus du prêtre, en s'arrêtant aux sages limites pour la pratique, tout cela le cède encore au choix, au goût excellent de la suave onction, qui accompagne cette manière de faire parler J.-C. et le disciple, après l'ineffable communion. »

2. *Manuel qui comprend différentes méthodes pour entendre la sainte Messe, pour la Confession et la Communion.....* 1 volume in-12. En sept années, de 1731 à 1737, cet ouvrage parvint à la septième édition.

3. *Catéchisme. Instructions et Prières pour le jubilé de l'Eglise Primatiale de Saint-Jean de Lyon, pour l'année 1734.* 1 vol. in-12.

3 bis. *Catéchisme pour le jubilé de 1745,* « accordé à toute l'Italie et étendu ensuite à la France par N.-S.-P. le Pape Benoît XIV (1). »

4. *Nouveau recueil de cantiques spirituels, à l'usage des Missions et Catéchismes.* 1 vol. in-12. Parvenu à la troisième édition en 1740, cinq ans après sa publication.

5. *La Dévotion aux Saints Anges, réduite en Méditations...* 1 vol. in-12 (1738), réédité en 1741.

6. *Avis importants sur la pratique et l'administration du sacrement de Pénitence, pour l'utilité des Confesseurs et Pénitents.* Bruxelles, 1738, 1 vol. in-12.

7. *Prières et pratiques du Séminaire de Saint-Irénée de Lyon.* 1 vol. in-12. Il a été réimprimé en 1825, sous le nom de *Petit Manuel à l'usage du Séminaire Saint-Irénée.*

---

(1) Il est probable que M. Bertrand n'a pas connu ce second *Catéchisme* dont il ne parle point. Voici ce que M. de Vaugimois en dit lui-même dans son registre *D*, p. 143 : « Mgr l'Archevêque, qui était alors en cour, ayant envoyé son mandement, en date du 5 juin 1745, pour publier ce jubilé, M. de Vaugimois fut chargé de dresser le catéchisme par demandes et réponses, ou Instruction sur le Jubilé. Mais Valfray (libraire), se voyant pressé pour l'impression de la Bulle, du Mandement et du livret, demanda que le catéchisme fût diminué le plus possible. On retrancha en effet la traduction française de plusieurs prières, qui furent seulement mises en latin, ce qui a produit un fort mauvais effet parmi le peuple. »

TABLE DES MATIÈRES

1er Supérieur : M. D'HURTEVENT
(1659-1671)

CHAPITRE I

CHAPITRE II

CHAPITRE III

CHAPITRE IV

CHAPITRE V

CHAPITRE VI

CHAPITRE VII

CHAPITRE VIII

CHAPITRE IX